城乡一体化发展背景下的地票法律制度完善研究

陈治 李瑞雪 著

西南政法大学

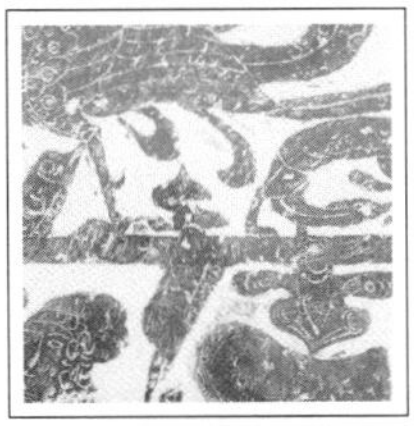

经济法学文库

13

法律出版社
LAW PRESS·CHINA

总　序

西南政法大学经济法学科始创于20世纪80年代初，是全国率先设置的几个经济法专业之一。本学科于1996年取得博士学位授予权，2000年开始向国外和我国港澳台地区招收博士研究生，2002年和2007年被教育部评定为国家级高等学校重点学科。经过多年的积累和传承，本学科在经济法理论和实务研究方面取得了较为丰硕的成果，并在经济法基础理论、农村经济法制等领域形成了自己的研究特色和研究优势，在法学界享有一定的声誉。

根深方能叶茂。本学科在李昌麒教授、种明钊教授等前辈的精心策划、直接组织或推动下，在全国同行的热忱关心和大力支持下，在学科全体教师的共同努力下，已成功推出“经济法博士精品文库”（法律出版社出版）、“西南政法大学经济法学系列”（厦门大学出版社出版）和“经济法论坛”（群众出版社出版）等多个系列出版物，建立了“李昌麒经济法网”、“中国农村经济法制创新研究中心网”和“西南政法大学经济法研究中心网”等多个学术网站。这些系列出版物和学术网站，对夯实本学科的建设平台、繁荣经济法学术研究，产生了并将继续产生极大助益。为进一步拓展本学科的建设平台，推动经济法学研究，我们决定出版“西南政法大学经济法学文库”。与本学科现有的几个系列出版物的侧重点不同，本文库主要为本学科的教师尤其是中青年教师提供一个发表优秀作品的途径，展示本学科教师对经济法学理论和实务问题的新思考和新探索。

当下，经过经济法学界同人的不懈探索，有关经济法的共识增多了，经济法的“合法性”也不再是一个问题。但是，作为一门新兴的法学学科，经济法学的研究在理论上尚需进一步推进，在实证上有待进一步加强。可以说，未来经济法研究，既需要“多谈些主义”，也需要“多谈些问题”；既需要“大胆假设”，也需要“小心求证”；既需要加强“本土性研究”，也需要开拓“国际性视野”；既需要“前瞻性分析”，也需要“回应性探索”。当您推开本文库这扇经济法学研究之门后，您或许看不到惊世骇俗的思想，但我们相信并期待着，您将在本文库中感悟到经济法学的堂奥，见证本学科教师对经济法学脚踏实地、孜孜以求的精神。

些许微衷，尚请贤明察之。

2011年5月

自 序

重庆市自2007年经国务院批准成立国家统筹城乡综合改革配套试验区以来，积极开展对农村土地利用的创新实践，推出了地票这一建设用地指标形式并通过在全国率先成立农村土地交易所，为地票供求双方提供专门的交易平台。重庆市这种以土地交易所（以下简称土交所）为基本载体、以地票交易为核心内容的农村土地流转制度改革为其他地区推进城乡统筹发展、优化城乡土地资源配置提供了重要借鉴。地票作为一种重庆市独有的建设用地指标形式，其存在的价值就在于利用市场杠杆撬动农村的土地制度改革。自2008年12月重庆农村土地交易所运行至今，地票交易以年均3场的频率稳步推进，其中2013年、2014年分别实现5场交易，交易价格及农民的分享收益均得到较大幅度提升；地票的融资价值亦开始凸显，自2010年出现首单地票权利质押后，地票不仅成为持票人融资的新的有效方式，而且地票的预期收益带动了农村房屋抵押贷款评估价值的大幅提高,由此“唤醒”了长期“沉睡”的农村土地资产的融资能力,引导金融资本真正实现“下乡”支农的政策目标。可以说,实践中的地票运作机制已基本定型,且得到了地票市场供需双方的接纳与认可。然而,亦应看到,迄今为止进行的地票供给、地票交易与收益分配等相关活动都是在一些零散的、缺乏体系化的政策与规范背景下进行的,制度供给在整体上具有试错性、非稳定性的特点,在一些关键运行环节上甚至还缺乏基本的社会共识,如是否需要规定地票的强制性使用,如何实现地票制度与既有的土地管理制度的有效衔接,如何推进地票登记等。而要发挥地票这一土地价值发现者的作用,就必须依托完善的地票法律制度,形成包括地票供给、地票申领、地票交易、地票融资、地票收益分配、地票使用、地票登记以及地票市场调控与监管、地票交易平台在内的完整法律体系,运用法治的力量保障地票运作的规范性、实效性与可持续性,真正实现地区城乡统筹发展。

本书是2012年度重庆市重大决策咨询课题的最终成果。相较于已有的研究著述而言,其主要特色在于:第一,以制度建构与完善为着力点,全面、系统地阐述地票运作过程、地票市场调控与监管、地票交易平台法律制度的现状及完善进路,为实践中地票交易的顺畅、规范与可持续运行提供法制保障;第二,就重庆农村土地交易所运行机制存在的不足及解决措施进行专门研究,弥补现有成果中有关交易平台研究的空缺,丰富地票制度研究内容;第三,通过较为翔实的个案研究为进一步推进地票法律制度的完善提供实证素材。

陈治

2015年4月

目　录

第一章　地票的理论解析与制度供给

一、地票的含义及其运作过程

地票,是指农村建设用地使用权人将农村宅基地及其附属设施用地、乡镇企业用地、农村公共设施和农村公益事业用地等农村集体建设用地复垦成耕地后产生的可交易建设用地指标。

地票的运作过程包括地票产生、地票交易、地票收益分配、地票使用、地票落地等环节。同时,为了保障地票制度平稳运行,在地票产生、地票交易过程中还涉及地票登记环节。

从地票的运作过程中,可以总结出地票具有的三重属性。

1. 地票的经济属性。地票首先是一种可以显化土地资源市场价值的重要工具,因而具有明显的经济属性。其具体表现为三个方面:(1)使农村建设用地指标化,间接实现农村土地入市交易。

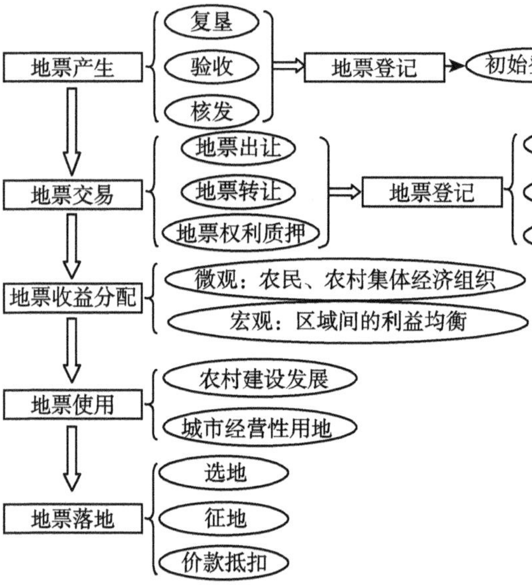

图1　地票运行流程

在既有的土地制度框架下,农村集体土地只有通过国家征收程序转变为国家所有后,才能将土地使用权出让给使用者,这就使农村集体经济组织及其成员无法分享因土地资源的稀缺性和市场机制的作用而带来的增值收益。与此同时,农村靠近城市的近郊地区与远离城市中心地带的远郊地区也因征地制度的施行面临日益严重的发展失衡问题。地票制度设计的初衷即是在一定程度上解决城乡之间以及农村远郊与近郊地区之间的利益均衡问题。地票产生于城乡建设用地指标的增减挂钩,通过农村土地交易所的市场化交易平台,使指标背后凝结的农村集体土地的财产价值得以彰显,并且由于地票生产区一般集中在农村远郊地区,因而远郊农民能够获得更大的分享土地增值收益的机会,这是在不突破现有土地基本制度背景下实现城乡土地价值均衡的理性选择。(2)允许冲抵新增建设用地使用费与耕地开垦费,节约持票人的征地成本。地票是一种功能单一的可交易指标凭证,其与征地制度并不挂钩,但是为了激励地票购买、增进市场活跃程度，允许地票落地时冲抵新增建设用地使用费与耕地开垦费，这就使地票持票人潜在的征地成本有所降低。(3)作为一种新型融资工具，促进自身的加速流转。地票的经济属性不仅表现在它能够发现土地的市场价值，而且其自身也可通过二级市场的流转获得增值。典型的例证是地票权利质押，在地票完成交易之后、落地之前可以将地票向金融机构质押获取贷款，这种变持票被动等待征地为主动赢取融资激励的做法，既降低了持票人可能面临的风险，同时又最大限度地发挥地票的经济价值。

2. 地票的权利属性。地票不仅是一种可交易的指标，而且表征了一种特定的权利。“地票的价值取决于地票所表彰的权利或利益，而非作为权利或利益载体的纸质或电子化票据”，其权利的内容“主要表现为申请将等量的农业用地变为城镇建设用地，即实现用途转化，从低经济价值的用途到高经济价值的用途”，亦可被称为“农地用途变更权”。[①] 地票运作过程实际上是一定主体围绕地票权利产生(初始归属)、地票权利移转、地票权利实现而从事相关活动的过程。(1)地票权利产生于农村建设用地使用权人的复垦，涉及的相关主体包括农村建设用地使用权人、受托承担具体复垦任务的工程单位、负责复垦管理与规范的土地整治中心以及保障复垦地块权属合法性、复垦真实性的国土行政管理部门、乡镇政府。经过复垦—验收—核发一系列地票形成程序后，地票权利负载在地票凭证上。但是值得注意的是，在地票形成环节，地票权利尚未现实地发挥作用，一般是在地票初始权利人向土地交易所提交交易申请，地票申购人受让地票时，地票权利的核心内容即申请变更农地用途的权利才真正现实地体现出来。但不可否认的是，地票权利的初始归属者仍为农村建设用地使用权人，因为地票的申领与取得意味着农村建设用地使用权人当然享有依法转变土

---

① 关于地票的权利性质及其具体内容的阐述可详见刘俊等著：《地票的制度基础与法律性质》，法律出版社2013年版，第65页、第83～84页。

地用途的机会，正如《重庆农村土地交易所管理暂行办法》中规定的，“建设用地指标交易之前，优先满足集体建设用地”，即地票交易之前优先用于农村集体经济组织自身的建设用地需要，只不过由于实践中更为常见的情形是地票产生后提交交易所交易，因而地票表征的权利内容对于地票申购人显得更为重要。(2)地票交易的过程亦是地票权利移转的过程，涉及的相关主体包括地票申让方（即地票初始权利人）、地票申购方、地票交易平台（重庆农村土地交易所）及负责宏观管理与调控职责的国土行政管理部门。地票交易结束并完成地票变更登记后，地票申购方可以凭借其新获得的农地用途变更权申请启动征地程序，亦可以选择将该权利进行再次移转或者向金融机构进行质押融资。(3)地票权利的实现集中体现在地票落地环节，从抽象的指标凭证及其表征的用地资格转换为现实的建设用地使用权，这是地票制度运作流程的最终归宿，涉及的相关主体包括地票持票人、负责征地程序的国土行政管理部门及其他参与竞拍的市场主体。

3. 地票的法律属性。地票的经济属性与权利属性的形成都离不开对地票运行机制的合理设计，这就需要提供稳定的法律规则，保障地票形成、交易流程、地票使用、地票落地、地票登记等依照事先确定的规范运行，因而地票在本质上是制度创设的产物，必然具有法律属性。其内容主要体现在：(1)对市场主体的权利、义务、责任的配置。如在地票形成环节，农村建设用地使用权人享有的复垦权利及保障复垦真实性与支付复垦费用的义务，地票形成后农村建设用地使用权人享有的农地用途变更权利以及将地票优先用于农村建设用地发展需要的义务；在地票交易环节，申让方与申购方享有的获得公平交易机会的权利以及申让方保证地票真实性义务、申购方支付地票价款的义务；在地票落地环节，持票人享有的在规划范围内选择地块的权利以及承担相应税费的义务等。(2)有关监管主体的职责分工与协调。地票运作过程中除了地票供需双方的参与之外，还涉及一定的行政管理主体或者担负行政管理职能的其他机构，包括市、区县国土行政管理部门,区县及乡镇政府,土地整治中心,农村土地交易所。这些管理主体在地票运行各环节中的职责分工与协调是地票规范运行的重要保障。(3)地票运行法律程序的设置。包括地票产生中的复垦—验收—申领—核发程序,地票交易中的申请—审核—竞价—付款—登记变更程序,地票落地中的征地程序等。

二、重庆地票运行状况

借鉴增减挂钩政策,重庆市设计地票制度的基本思路是:以耕地保护和实现农民土地财产价值为目标,建立市场化复垦激励机制,引导农民自愿将闲置、废弃的农村建设用地复垦为耕地,形成的指标在保障农村自身发展后,节余部分以地票方式在市场公开交易,并可在全市城乡规划建设范围内使用。通过地票这一土地利用创新制度,开辟了市场化的占补平衡新渠道,既减少了农村建设用地,增加了耕地、提高了耕地质量,也没有新增城镇建设用地规划空间,符合用途管制制度、建设用地总量控制制度、占用耕地补偿制度、“一户一宅”制度等现行土地管理制度要求。另外,重庆地票制度发展过程中强调明确农民土地财产权,通过引入市场化机制,彰显农村建设用地潜在价值,有利于统筹城乡发展。

为推进地票有序、规范运行,重庆市逐步形成了“自愿复垦、公开交易、收益归农、价款直拨、依规使用”的制度体系。一是自愿复垦。在住有所居的前提下,农户或农村集体经济组织自愿申请复垦,强调不下指标、不搞大拆大建。配套的农民新村建设布局、户型设计等也尊重农民意愿,不搞“被复垦”、“被上楼”。保障农户的知情权。二是公开交易。按照公开、公平、公正的原则,设计地票交易规则,力求充分发现农村土地价值。为便于集中管理调控和有效衔接供需,地票统一在农村土地交易所交易,主要采用挂牌、拍卖等市场交易方式。城乡法人、具有独立民事能力的自然人及其他组织,均可平等竞购地票。地票成交单价由首场的8万元/亩,逐步提升并稳定在20万元/亩左右,建立了市场化的价格形成机制。三是收益归农。地票价款扣除复垦成本后,全部收益归“三农”所有。其中,宅基地收益由农户和集体经济组织按85∶15比例分享;属农村集体经济组织使用的建设用地,复垦交易后的地票收益归集体经济组织所有。设定最低交易保护价,保障农户收益不低于12万元/亩,集体经济组织收益不低于2.1万元/亩。复垦形成的耕地所有权不变,仍归农村集体经济组织所有,原则上由原农户承包使用和管护。四是价款直拨。为保障农民和集体经济组织及时、足额获得地票收益,从2011年起,重庆市建立了地票价款直拨制度,由农村土地交易所委托银行,直接将农户和集体经济组织应得价款注入其账户,有效防范了地票收益被挤占、截留、挪用等风险。同时,在复垦和地票交易过程中,实行信息“三公示”(复垦前现状测绘成果公示、复垦后验收面积公示、拨款前价款拨付公示),畅通电话和网上咨询、投诉、举报渠道,接受各方面特别是复垦农民的全程监督。五是依规使用。建立计划指标、地票、增减挂钩指标分类保障用地需求的制度,严格执行主城区、区县城新增经营性用地使用地票的规定。地票生产、使用各环节须符合土地利用、城乡建设规划,城市规划区内的农村建设用地不纳入复垦,不在城市规划建设范围外使用地票,地票的落地仍遵守现行土地征收、转用、出让制度。

重庆市目前累计交易地票15.19万亩、306.42亿元价款全部反哺“三农”。从实践看,地票制度在保护耕地、保障农民权益、统筹城乡土地利用、促进新型城镇化发展等方面的作用日益显现,成为重庆市统筹城乡发展的重要制度成果。

1.统筹城乡土地利用,提高土地利用效率。通过发挥市场机制在土地资源配置中的决定性作用,建立了农民退出宅基地及附属设施用地的市场化通道,盘活了农村闲置、废弃的建设用地,促进了城乡土地节约集约利用。一方面，开展农村集体建设用地复垦，促进耕地集中连片，为农业规模化经营创造了用地条件，提高了农村土地资源的整体利用效率。另一方面，地票运行突破城乡建设用地的界限，以市场化方式引导农村建设用地“人走地减”，为实现全国土地利用总体规划纲要明确的减少农村建设用地这一约束性指标提供有效制度工具，使建设用地资源实现了大范围、远距离优化配置，顺应了“产业跟着功能定位走、人口跟着产业走、建设用地跟着人口和产业走”的要求，促进了城乡建设空间布局优化。同时，地票是一种有偿使用的指标，促使城镇用地者更加理性用地、节约用地。并且，由于地票落地充分考虑了市场意愿，提高了城镇规划实施效率。

2. 实现“先补后占、多补少占”，守住耕地保护红线。地票以农村建设用地作为复垦耕地来源，这些地方原本光照水源充足、地势平坦，具备复垦成为优质耕地的自然条件，也更有利于生态环境保护。通过逐步建立并完善复垦制度体系和复垦标准体系，有利于保障耕地质量，实现耕地先补后占，避免占优补劣、占而不补、占多补少现象。

3. 建立了农村财产处置变现平台和城市反哺农村的通道，促进了农民增收和农村发展。为农民提供了宅基地市场化退出通道，增加了农民财产性收益，使其与城镇市民一样享受到工业化、城镇化带来的红利，农民最低可获得每亩12万元收益。农村集体经济组织获得每亩不低于2.1万元的收益，与部分农民所得的收益一起投入新农村建设，改善了农村生产生活条件。总体上来看，地票制度建立了城市反哺农村的制度通道，通过远距离、大范围的置换，使边远地区分享到城市周边土地开发的级差收益，实现区域协调、城乡共荣。截至目前，72%以上的地票来源于渝东北生态涵养发展区和渝东南生态保护区，而地票的使用主要集中在都市功能核心区、拓展区及城市发展新区，相当于主城及近郊向远郊反哺资金超过300亿元。

4. 发挥价格发现功能，带动了金融下乡和农房价值提升。地票提升了农村特别是偏远地区农村建设用地价值,为金融下乡和农房处置变现提供了估值参考,促进了农村资本、要素等市场发育。截至2014年年底,全市农村建设用地复垦项目收益权质押融资105亿元、农房抵押融资133.6亿元。增减挂钩及其他农村房屋处置中也逐渐参照地票价格。

5. 将市场经济理念引入农村,促进农村土地利用理念和方式更加优化。地票运行推动了农村土地从单纯的资源管理向"资源、资产、资本"一体化管理转变,引导农民逐渐成为农村土地市场建设的参与主体,逐步树立起土地财产价值观念,重视土地财产属性。从重庆市地票改革试验来看,农民对于农村宅基地及附属设施用地的利用和管理观念发生了很大的变化,更加珍惜农村土地房屋财产,更加注重对集体内其他成员使用宅基地的监督。

6. 推动农村建设规划、公共服务、权证管理、土地评估、市场融资等相关制度的完善。首先,地票运作机制的基本环节是将原来闲置的建设用地及农民宅基地复垦成一定面积与质量要求的耕地,这就在一定程度上改变了农村的居住、生产、管理方式,使农民从分散居住转变为集中居住状态,进而对农村的建设规划以及农村公共卫生、医疗、养老等公共服务供给提出了更高的要求。其次,在地票制度推行之前,宅基地及房屋权证对农民并无太大的实际意义,农民对其不够重视。地票制度推行之后,农民要想从宅基地等建设用地中通过地票交易获取经济利益就必须提供合法的产权证明,这就激发农民办理各种权证的积极性,从而有利于农村土地、房屋权证的规范管理。最后,长期以来农村金融市场供需处于不均衡的状态,农民或者农村经济组织因无法获得正常融资而不得不依赖于非正规金融机构,变相滋长了金融风险。导致这一状况的原因不仅在于可供担保的有效资产不足,更为关键的是尚未形成针对农村的资产评估机制,银行难以对农村个人、集体的土地进行价值评估。而借助地票制度,银行通过政府制定的基准价格以及参考交易所得的实际收益等标准,可以对农村土地价值做出更为准确的判断,真正实现土地有价。在确保价值可估性以及建立交易平台的前提下,金融机构无疑更愿意为农民、村集体提供抵押贷款。由此,一方面为农民提供了融资的新途径;另一方面也为城市金融资本进入农村提供了新的渠道。

三、地票法律制度供给现状

(一)地票运作法律制度供给

目前,从地票形成、地票交易到收益分配与使用的整套地票运作法律制度都存在一定弊端,削弱了地票的吸引力与示范性,不利于地票市场的健康有序运行。主要表现在:

1. 在地票产生阶段,首先,农民并非作为复垦权利主体,其复垦需求受到审批管理与指标管理的双重抑制,权力寻租的空间较大,同时为复垦申请设置的"必须拥有其他稳定住所、稳定生活来源证明"的前置条件缺乏必要弹性,相对于农民现实状况而言要求偏于严苛,也不能从根本上保障农民的生活居住水平。其次,农民申请复垦获批之后,农民与土地整治机构之间尚未建立有效的委托关系,由于缺乏复垦费用、复垦风险与责任的合理分担机制,政府又未能提供必要的融资支持与整治监管,造成实践中农民可能自己或雇用村民从事复垦整治的情况,从而增加了人身保障、土地质量保障方面的风险隐患。最后,经过复垦之后的土地有待专业机构的评估,以保障复垦土地质量不下降。然而,实践中缺少专业的、独立的复垦评估机构和详细的复垦评估标准,从而对耕地质量保障带来障碍。

2. 在地票交易阶段,现有对地票交易的规制措施主要体现在"指标产生程序"、"指标交易规则"、"交易价格指导"、"交易调控管理"几个方面,而对于地票交易的一般原则(农民是否可以分散进行交易等)、地票交易单元设定(如最低交易规模等)、地票交易程序规范、地票交易价格控制、地票交易服务费收取、地票交易市场监管等问题均没有详细的规定。同时，对于实践中补偿款不能及时到位的问题，缺乏强制性规定，对于失信的地票购买者也无惩罚措施，挫伤了地票供给的积极性，不利于地票交易的正常持续进行。

3. 在地票收益分配阶段，地票生产区的农民并不能公平分享土地增值利益，地票购买者和地方政府成为土地增值利益的最大获益主体。地票制度的正当性应当建立在相关主体公平分享地票收益的基础上，这就要克服地区间、主体间的利益失衡问题，完善地票收益分配法律制度。

4. 在地票使用阶段，由于没有建立强制性地票使用制度，地票的购买、使用无法显示出与既有土地利用机制的优越性，反而增加了持票人的用地成本；地票购买者持有地票后还可能因征地制度问题无法实现地票落地，地票的指标价值难以转化为现实的用地利益，进而也抑制了地票购买需求。总之，如果没有自上而下的关于地票使用范围的强制性规定，那么仅靠市场自发选择显然不利于形成地票交易、落地的良性循环。

5. 在地票落地阶段，按照现行规定，地票落地时仅可冲抵新增建设用地有偿使用费和耕地开垦费。地票交易的二级市场并没有真正建立。狭窄的地票用途不仅在地票使用阶段形成障碍，也会直接影响到地票顺利落地。

6. 从地票取得到注销的整个过程，缺乏地票登记制度对地票的相关信息进行全面跟踪记载，无法保障对地票交易运行过程的及时掌控。

（二）地票市场调控与监管法律制度供给

由于地票运作尚处于改革初期，因而，相关制度供给集中于两方面：一是建立地票生产、交易、分配环节的基本规则，如农村建设用地复垦管理规定、地票价款分配及拨付规定等；二是对参与地票运作过程的农村宅基地使用权人提供权益保障，如农民转户及其社会保障规定等。上述制度的重心在于调动地票市场供给一方的积极性，从而刺激地票市场的活跃度，为地票市场发展提供稳定的培育机制。在这一意义上，地票市场调控与监管法律制度供给——其目的在于规范市场而不是培育市场——与现阶段的制度需求不相一致，并不是制度供给的重心所在。但是从长远来看，一旦建立了基本交易规则并提供了稳定的交易平台之后，就已经形成了市场自身的利益诱导机制，具备了与其他市场一样的围绕价值规律运转的本质特征。伴随着市场交易规模的日趋增大，参与交易主体及行为的日趋复杂，与规范市场相关的制度供给需求必将出现。例如，地票交易价格可能出现人为操控的异常变动，地票市场竞争秩序可能因个别主体的参与而受到抑制，地票交易相关信息不能实现及时、充分、准确披露等。在此情况下，无疑需要建立地票市场调控与监管法律制度以保障地票市场的规范运作。正如同地票市场初创时期需要一定的制度供给保障参与人的交易预期与交易安全一样，在地票市场发展成熟时期亦需要制度供给确保交易秩序的稳定与可持续。基于此，对地票市场调控与监管法律制度仍有必要加强研究，形成相关的调控、监管原则与措施，建立调控、监管体系，为强化未来的地票市场秩序管理提供具有前瞻性的制度框架。其主要内容分为两大部分，即地票市场调控法律制度与地票市场监管法律制度。地票市场调控法律制度主要针对地票供给规划，地票交易财税与价格调控，地票收益分配，以保障地票市场供给与需求总量以及地票供给区与地票落地区利益分配的大致均衡；地票市场监管法律制度主要针对更为微观的地票市场交易行为，确保地票交易竞争机制、价格机制、信息披露机制的正常运转。

（三）地票交易平台法律制度供给

依据《重庆农村土地交易所管理暂行办法》的规定，农村土地交易所承担的主要职能是“建立农村土地（实物和指标）交易信息库，发布交易信息，提供交易场所，办理交易事务”。由此可见，其职能重心在于交易环节,而缺乏对地票交易之前的形成环节的动态监督。现有制度对农村土地交易所与外部多个地方行政职能部门的关系及各自的职责定位亦未明确加以规定;同时土交所内部并未形成规范的治理框架,而是更接近于行政机构的运作模式。综合来看,既有的制度安排制约了农村土地交易所发挥其交易平台的作用。地票交易平台法律制度完善的方向是淡化其行政管理性色彩,提高灵活性、专业性运作水平,突出其作为专门的交易平台与全程监督者的角色定位。

四、地票法律制度完善进路

(一)完善地票法律制度的基本原则

1. 单一功能原则。地票在本质上是一种功能纯粹、单一的建设用地指标形式。其基本运作特点是以经济激励为核心、以市场为交易平台,在地票原初权利人,地票购买人以及其他相关参与主体之间实现地票权利移转的特殊机制。其基本目标是耕地保护、城乡建设用地资源的合理配置以及促进城乡统筹发展,除此之外,不应当把其他的制度功能牵扯进来。具体而言,地票法律制度应当切断其与征地制度的关系,保持地票制度与征地制度的相互独立。地票是一种经由复垦耕地而释放出的建设用地指标,它承载的是持票人(从地票原初权利人手中购买地票的主体)可以向政府申请启动征地程序从而改变土地用途的权利或资格,因此,它增加的是年度可用的建设用地指标总量,但并不会替代征地制度本身。持票人想要获得实际的建设用地使用权,仍须经过必要的征地、招拍挂程序才能实现。这样的制度设计既利用了市场机制的基本原理,又不至于动摇整个土地管理制度的根基,保障了地票这种指标形式存续的合法性与正当性。值得注意的是,地票虽不改变征地程序,但是可能随着自身的实践完善而成为配置建设用地指标的主导方式。例如,规定一定范围的“持票准入”,即要求获得城市经营性建设用地的企业必须购买地票，以此作为申请启动征地程序的前提条件，甚至在未来将地票使用范围逐步扩大到农村集体建设土地，规定农村集体建设用地亦须购票。如果从制度层面能够对地票功能进行上述定位，这就如同产生了一把用于打开建设用地市场的“钥匙”，可能创造出一种普适性的交易工具，也更有利于地票制度的推广适用。

2. 公私法兼容性原则。地票法律制度具有公私法兼容的基本属性，这就决定了在进行相关制度设计或完善时应当注重公法与私法之间的有机衔接与融合。地票的生成即地票权利的取得具有公法特点，这是因为地票作为一种基于复垦而新增的建设用地指标，其供给总量、供给频率、供给方式等受国家整体的指标管理制度的调控与限制，并且地票在法律上“需要通过国土管理部门的‘核发’才能产生”。[①] 国土管理部门应当对复垦土地的真实性、合规性进行审核并对土地的后续利用情况进行跟踪监控，这都使地票法律制度具有明显的公法色彩。但是在地票的生成过程中，不可或缺的一个重要因素是农村建设用地使用权人自身的意愿及对复垦过程的自主参与与监督。国土管理部门不能将自己的意志强加农村建设用地使用权人。因此，如何保障农村建设用地使用权人尤其是宅基地使用权人——农民的切身利益是地票生成环节不可回避的内容。地票交易过程相对呈现出更多的私法色彩，这也是一个集中彰显地票作为建设用地指标形式的可交易性、灵活性、自愿性特点的过程，但是关于地票市场交易价格的调控与监管、地票交易状况的登记与信息披露、地票交易平台的监管与被监管等具有公法特点的制度内容同样是地票交易环节制度供给的重要组成部分。最后，在地票落地或者说地票权利实现的环节，持票人并不能依据自身的权利资格自动将指标形式转化为现实的建设用地使用权，而只能请求政府启动征收程序变更土地用途，这一点又显示出土地管理部门在

---

① 刘俊等著：《地票的制度基础与法律性质》，法律出版社2013年版，第86页。

地票权利实现中的重要角色，使这一环节的公法色彩又强于地票交易环节。但是，这一环节的制度供给同样不缺乏私法内容，因为地票持票人拥有在政府规划指标之外自主选择未利用地的权利，这是地票权利的重要组成部分，在地票落地环节充分体现出来。换言之，在地票权利实现过程中，尽管持票人须经政府的介入才能真正实现土地用途的转换，但就所选地块而言，其拥有一定的排他性与优先性；此外在实践操作中，地票交易环节的价格可以冲抵新增建设用地有偿使用费和耕地开垦费，这无疑对于地票持票人而言是一种有效的私人成本补偿机制，体现了私法色彩。

3. 系统性原则。地票法律制度是一项系统工程，应当包含从复垦到落地，从实体到程序，从市场孕育（包括地票使用上的规定，交易平台建设）到市场规范，从宏观到微观各方面的制度内容。首先，地票运行过程须历经建设用地复垦形成地票，地票提交专门的交易平台进行交易，新的地票持票人申请启动征地程序，获得现实的建设用地使用权，最终实现地票落地几个环节。因此，地票法律制度安排应当覆盖以上所有环节。从现有制度看，重心放在复垦及地票交易环节，这与当前地票市场尚处于初始阶段、地票供给有待扩大的背景相关，但是随着地票市场的进一步发展完善，地票需求包括地票使用、地票融资、地票落地等方面的制度建设亟待加强。其次，地票法律制度的核心在于提供一种以经济激励为核心的市场化交易机制，以显化农村土地资产的价值，而保障该交易机制正常运行的应当既有实体性规则，亦有程序性规则。实体性规则包括复垦形成地票的标准、地票权利的初始归属、地票收益分配、地票使用范围等；程序性规则包括地票核发程序、地票交易程序、地票落地程序、地票登记程序等。再次，地票法律制度还应当涵盖从市场孕育到市场规范的内容，其中旨在扩大地票供给的具有激励性的法律制度，如引入多元化复垦主体、降低农民或农村经济组织的复垦风险，增加农民及农村经济组织在地票收益中的分配比例、提高其地票生产积极性，确保复垦退出宅基地的地票权利人能够获得稳定的社会保障、满足其经济利益与社会利益的双重诉求等，都有利于扩大地盘市场交易规模，这是市场孕育阶段制度供给的使命所在。同时，地票市场亦应当成为可持续的、稳定运行的交易市场，因而，旨在规范地票市场的具有约束性的法律制度，如严格控制地票核发、确保地票生产的真实性，监控地票市场交易价格、避免不正当竞争或垄断行为，赋予农村土地交易所专门的监督职能、保证对地票市场的适时动态监督等，都是形成系统完备的地票法律制度不可或缺的组成部分。最后，地票法律制度应当将宏观性与微观性结合起来，既注重宏观层面对地票市场价格的调节，如确定地票交易价格的合理运行区间，建立对地票交易价格的监测机制，实行最低保护价制度等，亦须在微观层面强化对每一个市场参与主体的行为规范，以确保地票制度真正服务于社会整体利益，而非为个别主体谋取私利提供方便。

4. 市场决定性原则。党的十八届三中全会审议通过的《中共中央关于全面深化改革若干重大问题的决定》指出“使市场在资源配置中起决定性作用和更好发挥政府作用”。这对于完善地票法律制度具有重要的指导意义。市场决定性原则要处理的核心问题就是依法平衡市场与政府的关系。在地票市场领域，该原则意味着应当确保市场在配置土地资源中起到决定性作用。具体表现在对地票产生（包括地票供给和申领）、地票交易（包括地票出让、转让和权利质押等）、地票收益分配以及地票使用等各个环节法律制度完善时，应当坚持价值规律，一切以促进土地资源优化配置为核心，充分发挥土地资源的经济价值。例如，在制订地票供给计划时，应当以地票市场需求为依据，力图做到地票市场的供给量与需求量相对平衡；在地票交易环节，要充分尊重地票交易双方的市场主体地位，依法为地票交易双方提供公平合理的市场环境；在地票收益分配环节，充分尊重市场主体的财产权利，在依法界定产权的基础上，确保土地增值利益的公平分享；在地票使用环节，在不违反我国土地管制法律、政策的前提下，依法赋予地票权利人在地票使用方式、时间、范围等方面的自主决定权，确保地票权利人可以根据市场行情合理安排地票的使用。确立市场决定性原则的目的是为克服目前地票市场中存在的政府干预过度和干预错位的弊端。例如，在地票供给环节，重庆市每年地票交易量按城市新增建设用地计划指标的10%进行安排，[①]而以城市新增建设用地计划指标的百分比确立地票供给计划，并不能真实反映地票市场实际需求。在地票交易环节，地票交易可能在客观上造成地方政府对土地的超额储备，使地方政府的土地储备机构通过地票交易获得大量潜在的建设用地指标，从而进一步强化地方政府垄断土地发展权的非均衡利益分配模式，违背地票制度设计初衷。[②]在地票收益分配环节，现行规定确立了农村建设用地复垦项目成本，建立了政府定价制度，但是，在程序层面，政府定价没有通过召开听证会等形式广泛听取群众意见；在实体层面，制定的若干定价标准没有完全遵循市场原则，甚至存在与民争利的问题。[③]"地票交易作为一项制度创新试点工作，在早期阶段，政府全面和广泛介入是不可避免的，但从长期来看，政府的角色应当主要定位在宏观调控、规则制定、监管和服务等方面，而不能作为地票交易的具体经营者。"[④]随着地票制度的进一步推广，政府应逐步让位于市场，这也是地票市场可持续发展的根本保障。

5. 农民利益保障原则。地票法律制度的设计与完善还应当遵循农民利益保障原则，表现在：

(1)确保地票生产及交易过程中农民的主体地位。在地票生产环节，作为宅基地使用权人，农民有权自主决定是否申请复垦；作为农村集体经

---

① 陈悦："重庆地票交易制度研究"，载《西部论坛》2010年第6期。

② 程世勇："'地票'交易：模式演进和体制内要素组合的优化"，载《学术月刊》2010年第5期。

③ 例如，重庆农村土地交易所收取交易额1%的手续费是否具有合理性存在争议。

④ 岳彩申、张晓东："证券化视角的地票交易制度创新及立法路径"，载《重庆社会科学》2011年第9期。

济组织成员,农民有权参与决定宅基地及其附属设施之外的其他农村集体建设用地是否进行复垦。而“无论是农村宅基地及其附属设施用地,还是其他农村集体建设用地使用权,最终产权主体都是农民”,[①]因此地票的形成必须根源于农民真实的复垦意愿,不得未经其同意,强行复垦有关土地,这是保障地票法律制度正当性的根基所在。《重庆农村土地交易所管理暂行办法》第19条第2项规定了“土地权利人”向区县国土管理部门提出复垦立项申请,“土地权利人”包括农村集体经济组织、农民家庭及拥有土地权属的其他组织,可见重庆市从试行地票制度时就已经确立了农民作为复垦主体的权利地位。但值得注意的是,针对“农村集体经济组织申请农村建设用地复垦”的情况,现行规定要求“必须出具集体土地所有证或其他权属证明,以及本集体经济组织三分之二以上成员或者三分之二以上成员代表同意复垦的书面材料”,而要在实践中切实履行这一多数同意规则,保障农民作为复垦权利主体的法律地位是存在困难的,这就导致农民对农村集体经济组织申请复垦的参与缺失或监督失控。基于此,有关农村集体经济组织申请复垦的民主决策机制与监督机制有待进一步完善。当然,复垦权利主体与具体从事复垦工作的实施主体是可以分离的,由于复垦本身具有专业性、风险性,因此实践中都是由专门的土地整治机构负责复垦,在制度设计上可以规定复垦权利主体与土地整治机构签订复垦委托协议,明确各自的权利义务。在地票交易环节,农民作为地票权利的初始归属者,有权自主决定将地票提交重庆农村土地交易所进行交易,土地交易所及土地行政管理部门按照各自的权责分工保障地票交易公开、公平进行。在地票交易环节,地票交易的竞争机制、价格机制、信息披露机制等能否正常运行是农民利益的根本保障,也就是说,通过维护各种市场机制间接实现农民利益。因此,相对于地票交易之前的形成环节以及交易之后的

① 刘俊等著:《地票的制度基础与法律性质》,法律出版社2013年版,第115页。

利益分配环节,在这一阶段对农民利益的保障并不是首要或直接的目标。而且农民自身作为交易一方主体,还必须接受一定的制约,表现在地票权利人须向土地交易所提交交易申请,经审核地票真实性等相关信息后才能启动交易;提交交易的地票不能过于零散,而是按土地交易所确定的最小交易单元进行交易;地票交易后还应完成登记,以确定地票权利的移转。

(2)确保地票收益分配向农民倾斜。一是就具体的地票收益分配比例进行细化。《重庆市国土房管局关于调整地票价款分配及拨付标准的通知》(渝国土房管发〔2011〕170 号)确定了“复垦农村宅基地及其附属设施用地的,农户与农村集体经济组织应得价款按 85∶15 比例分配”的基本原则,同时将农户所得价款分配标准提高至 12 万元/亩、农村集体经济组织所得价款分配标准提高至 2.1 万元/亩,这是对《重庆农村土地交易所管理暂行办法》中“农村宅基地使用权交易收益,原则上大部分归农民家庭所有,小部分归农村集体经济组织所有”的规定细化,增强了利益分配机制的可操作性。但是值得注意的是,地票收益分配比例是否一成不变抑或建立与地票交易价格的联动机制,尤其是随着地票交易的日趋成熟,地票市场的逐步扩大,地票价格还有进一步上涨空间,在这种情况下,是否允许农民获得更高比例的地票收益?另外,就集体分配的部分,尽管现行规定是“纳入农村集体财产统一管理,用于本集体经济组织成员分配和社会保障、新农村建设等公益事业”,但是该规定尚显笼统,如何保障农民对集体财产用途的参与决策权、民主监督权仍是有待解决的问题。二是对地票交易价格进行宏观调控。确定地票收益分配比例是直接影响农民利益的制度安排,但毕竟具有事后性,农民本身对于地票交易价格无法进行事先控制,一个完全受市场调节的地票交易可能出现价格过低从而挫伤农民积极性的情形。因此,基于保护农民生产地票的积极性以及培育地票市场的目的,在制度设计与完善时应当对地票交易价格进行宏观调控。《重庆农村土地交易所管理暂行办法》中确定的地票交易价格保护制度,包括地票交易基准价制度、①土地所有者回购制度②就是对地票交易价格进行宏观调控、保护农村集体经济组织及农民个体权益的体现。在此基础上,应当通过区域间的转移支付机制进一步强化土地溢价收益的分配,确保农民对土地增值利益的公平分享。

(3)确保地票交易后农民获得稳定的社会保障。按照《重庆农村土地交易所管理暂行办法》规定,"农村宅基地及其附属设施用地交易后,该申让主体不得再申请农村宅基地及其附属设施用地"。这就意味着农民在退出宅基地复垦耕地后,可能获得以地票价格收益为形式的经济利益,但是原来依托于土地而享有的居住、养老保障利益亦随之不复存在。因而如何强化地票交易后的社会保障是构建地票法律制度应当解决的重要问题。基于此,《重庆市人民政府关于统筹城乡户籍制度改革的意见》(渝府发〔2010〕78号)、《重庆市户籍制度改革农村土地退出与利用办法(试行)》(渝办发〔2010〕203号)、《重庆市人民政府办公厅关于户籍制度改革宅基地及附属设施用地处置有关事宜的通知》(渝办发〔2011〕353号)等规范性文件将地票交易后的社会保障与重庆市户籍制度改革联系起来,作为户籍制度改革系统工程的组成部分。具体而言,即转户居民退出宅基地及其附属设施能复垦产生地票的,除按地票收益分配规则享有85%的收益之外,还可以选择参加农转城人员养老保险,并且符合条件的转户居民还可以统一纳入集中居住小区。从现有制度的立法宗旨看,对于农民退出宅基

① 《重庆农村土地交易所管理暂行办法》第25条规定:"市人民政府在综合考虑耕地开垦费、新增建设用地土地有偿使用费等因素的基础上,制定全市统一的建设用地指标基准交易价格。"

② 《重庆农村土地交易所管理暂行办法》第30条第1款规定:"农村土地交易价格低于基准价格时,土地所有者有优先回购权。"

地及其附属设施是持鼓励态度的，[①]这对于促进城乡建设用地统筹规划、提升城镇化水平有所助益，同时亦为地票生产提供了必要条件。但是现有制度安排专门针对地票交易后的社会保障仍然规定不足，已有的相关规定主要着眼于转户居民。而事实上，地票的产生与户籍制度改革并不具有直接关联，农民退出宅基地复垦产生地票之后，农民可以选择是否继续保留其农村集体经济组织成员资格，而如果以地票交易为条件强制性要求农民转户则不具有正当性。为此，《重庆市人民政府办公厅关于户籍制度改革宅基地及附属设施用地处置有关事宜的通知》（渝办发〔2011〕353号）规定"凡转户居民自愿继续保留或按规定在本集体经济组织内部流转宅基地及附属设施用地的，任何组织和个人不得强制或变相强制收回"，但其仅仅针对转户居民，仍然未对地票产生乃至交易后农民的社会保障作出明确规定。因而，在未来制度建构过程中应当明确规定地票产生及交易后的农民社会保障问题，为其提供居住、养老、卫生等方面的基本公共服务。

（二）地票运作法律制度完善

1. 地票产生阶段的制度完善

在地票产生阶段，应通过立法确立农村建设用地使用权人为复垦权利主体，农村集体经济组织不得不当干涉其复垦。通过立法建立土地整治机构实施许可制度、复垦市场公平竞争制度、土地整治机构垫付复垦费用制度、土地复垦监理制度和信息公示制度，对土地整治机构进行专门规制；在复垦土地评估方面，建议大力发展评估机构，依法细化复垦的申请审查和质量验收行为准则；为了提供复垦后农民生活的基本保障，建议建设农村

---

① 《重庆市人民政府关于统筹城乡户籍制度改革的意见》规定："鼓励转户居民退出农村土地承包经营权、宅基地使用权及农房。对自愿退出宅基地使用权及农房的，参照同时期区县（自治县）征地政策对农村住房及其构附着物给予一次性补偿，并参照地票价款政策一次性给予宅基地使用权补偿及购房补助，今后征地时不再享有补偿权利。"

集中居住区,并发展适合集中居住区的其他产业,对复垦土地进行公司规模化经营。

2. 地票交易阶段的制度完善

在地票交易阶段,应当在总结现有实践经验的基础上,出台地方政府规章,建立地票交易的基本规则与实施细则。具体包括地票交易一般原则、地票交易单元、地票交易程序、地票交易价格确定、地票交易服务费等内容。为了保证地票款项的专款专用和及时到账,还应建立地票交易款项支付的强约束制度,规定相关主体的法律责任。为了维护地票交易市场的有序进行,应完善地票交易市场的监管制度,具体包括地票交易市场秩序的维护制度、地票交易价格的控制制度、地票交易市场的监测制度。

3. 地票使用和收益分配阶段的制度完善

在地票使用和收益分配阶段,应当建立持票准入制度,即申请参加特定范围内(主要是经营性用地)土地使用权的招标、拍卖和挂牌出让,必须持有相应面积的地票。持票准入制度的核心是通过政府干预地票市场,强制性设置地票使用范围,促成一定的市场需求量,从而维持地票交易市场的活跃度。首先,将特定范围的经营性用地(比如房地产)纳入地票使用范围,规定该领域内要实现用地需求必须购买地票。其次,逐步扩大地票使用范围,要求所有经营性用地都必须使用地票,最终目标是实现地票指标的单轨制运行,包括地票生产区的农民、农村集体经济组织都通过在农村土地交易所购买地票来实现用地需求。再次,地票使用范围不宜僵化确定,也并非不可逆转(即并非必然扩大使用地票范围),而是由土地行政管理部门依据地票存量、耕地复垦量、未来用地需求等因素合理确定地票使用范围,对地票市场的发展状况进行动态调节。比如,一定时期内,地票价格上涨明显,地票需求过热,就可以考虑适当缩小地票使用范围。这就可以避免当时成都推行增减挂钩指标交易时价格暴涨的情形,从而促进市场交易的可持续进行。最后,为保障地票交易双方的利益,应当对土地行政管理部门调节地票使用范围的权力进行一定限制：无论是扩大还是缩小地票使用范围，都应当按照一定程序提前公示；地票使用范围一旦确定之后有必要保持一定期间的稳定，过于频繁的调整显然不利于市场主体的合理预期，对此，可以规定地票核定使用范围的调整周期不得短于一年。为了确保土地增值利益的公平分享，还应建立地票生产区的财政补偿机制，例如，可以建立专项调节基金制度，从该基金中定期按一定标准向地票生产区支付补偿。

4. 地票落地阶段的制度完善

在地票落地阶段的制度完善方面，应逐步开发地票交易的二级市场，并规定地票的有效期，防止地票囤积和炒作。同时，对于超过有效期尚未落地的地票，为了增大地票的吸引力，建议在回收未落地地票时，除全额支付地票购买价款外，还规定依照银行同期同类贷款利率向持有人支付利息。

5. 地票登记的制度完善

地票产生、交易的整个运行过程应当通过专门的登记簿记载变更相应信息，确保地票市场运行的可控性。地票登记制度的基本内容包括：地票登记的基本原则，地票登记机关，地票取得、购买、变更、注销环节的登记规定。

（三）地票市场调控与监管法律制度完善

地票市场调控法律制度主要包括地票供给计划法律制度、地票交易财税调控法律制度、地票价格调控法律制度、地票收益分配的区域间平衡法律制度；地票市场监管法律制度主要包括地票市场秩序维护法律制度、地票交易信息公开法律制度。地票市场调控与监管法律制度是一般性宏观调控与市场秩序规制法律制度的组成部分，因而宏观调控法与市场秩序规制法中的基本原则、典型制度可以适用于地票市场。例如，宏观调控法中的价格调控法律制度，包括价格监测、基准价设定、价格干预等调控措施在地票市场调控中可以发挥作用；市场秩序规制法中的反垄断与反不正当竞争法律制度，包括针对价格垄断、串通竞拍、商业贿赂等行为的法律规制措施亦可针对地票市场上出现的垄断与不正当竞争行为。

（四）地票交易平台法律制度完善

1. 加强土交所独立决策的法律地位。赋予土交所在地票交易过程中充分的自主决策权，包括：与地票供需双方商谈，评估地票生产及交易的基本规模；拟定地票交易的年度计划；确定地票打包方式与竞价方式；为政府监管部门制定交易基准价提供参照信息；接受地票交易申请并安排地票交易的场次、数量；制定、完善地票交易的具体规则。要保障土交所的独立决策地位，淡化地方性行政管理色彩，就有必要自上而下地设立独立运作的监管体系，提升外部监管机构的监管权威。

2. 拓展土交所全程参与的监督职能。土交所应当全程参与地票形成、交易、票款支付、指标落地、二级市场拓展的整个运行过程并进行实时、动态的跟踪监督。为此，有必要拓展土交所全程参与的监督职能。首先，土交所提前介入耕地复垦与验收环节，有利于保障地票形成环节的信息真实性，亦有利于监督土地复垦过程，并对土地整治中心在复垦验收中的权力进行制约。为提高地票基准价格制定的科学性与准确性，还应当赋予土交所对复垦土地的评估定级的职能。其次，强化土交所在地票交易环节的监督职能，重点是对地票交易的方式、流程、相关政策等信息及时通过便捷渠道发布，保障农户个人、农村集体经济组织的知情权。再次，土地交易所得未按规定分配或者分配迟缓是实践中挫伤农民复垦积极性、妨碍地票交易可持续运行的两大因素。因此，土交所应当加大对补偿款的监管，补偿款的数额严格以地票交易所得为基数计算，并通过完善交易规则，确定合理的分配期限，保障补偿款及时、全额拨付到农民的个人账户。最后，通过对地票交易情况的动态监督，对无法落地的地票及时开展回购或拍卖，降低地票二级市场的风险。

3. 健全重庆农村土地交易所内部治理的运行结构。建议重庆农村土地交易所设立董事会或者理事会，作为重庆农村土地交易所最高权力机构，负责重庆农村土地交易所运行决策，制定地票交易各环节的实施细则。其下设立经理层，负责重庆农村土地交易所具体经营管理，根据职能分工再进一步分设各司其职的业务部门。设立监事会，作为重庆农村土地交易所内部监督机构，负责重庆农村土地交易所运行过程中的内部纠错与责任追究。

4. 提升重庆农村土地交易所外部监管机构的权威。建议设立自上而下垂直领导的监管机构，对地票交易实施独立性、专业化的监管。在具体模式上，可以参照证券业监管机构的设置模式，建立全国地票交易监督管理委员会，作为国务院直属部级事业单位，并在各省设立接受其垂直领导的地方监管机构，作为其派出机构，对地方地票交易进行监管。全国地票交易监督管理委员会应设立专门的协调机构，以此协调各地方监管机构的监管工作，提高监管效率。

5. 细化重庆农村土地交易所运作保证措施和条件。一方面，应建立统一的地票交易技术保障规则。可以借鉴我国证券交易所的运行机制，完善网上竞价系统和统一结算规则，形成地票交易集中竞价的完备制度体系。另一方面，应夯实交易所资金和人才保障基础。可由中央和地方共同拨付资金，建立适应于全国地票交易中心运转的技术系统。同时，应将地票交易相关的部分税收收入转移支付给土交所。建议土交所出资设立专门的研究院，定期开展技术保障方面的课题研究，对成绩较为突出的单位和个人给予物质奖励。

第二章　地票供给与申领法律制度

一、地票供给与申领的概述

（一）地票供给与申领的含义与程序

地票供给是指农村建设用地复垦形成地票的过程。根据《重庆市农村建设用地复垦项目管理规定（试行）》第2条的规定，农村建设用地复垦是指根据土地利用总体规划、土地整理复垦开发规划，对依法取得的利用效益不高或废（放）弃的乡镇企业用地、农村公共设施用地、公益事业用地、农村村民住宅用地及特殊用地等，复垦为耕地或可转为耕地的园地及其他农用地的行为。而地票申领是指农村建设用地使用权人根据规定的条件和程序，向国土资源行政主管部门提出申请，由国土资源行政主管部门审核签发地票的行为。完整的地票供给与申领程序主要包括编制并确认地票发放规划、复垦立项申请、实施复垦、复垦验收以及签发地票五个步骤，如图1所示。

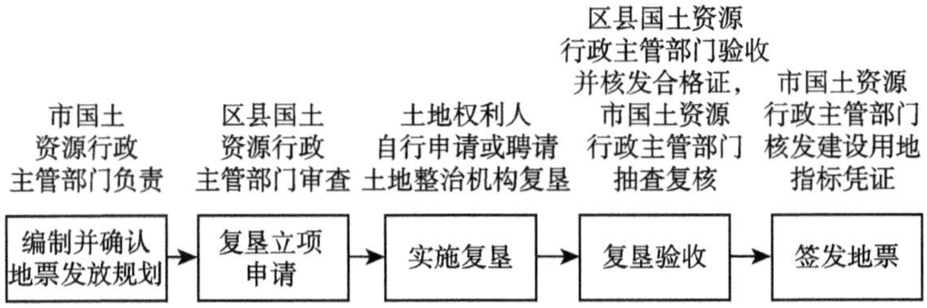

图1　地票供给与申领流程

(二)地票供给与申领的相关规定

除重庆市国土房屋管理局2009年发布的《重庆市农村建设用地复垦项目管理规定(试行)》外,现行规范地票供给与申领的制度主要包括重庆市政府2008年颁布的《重庆农村土地交易所管理暂行办法》,重庆市国土房屋管理局2011年发布的《关于进一步规范农村宅基地及其附属设施用地复垦管理实行地票价款直拨的通知》、2013年印发的《优化农村建设用地复垦及地票交易流程方案的通知》以及2014年发布的《重庆市农村建设用地复垦项目管理实施细则(试行)》等。以上规范性文件对地票供给与申领的具体规定包括以下内容:

1. 复垦计划申报核查程序。根据《重庆农村土地交易所管理暂行办法》、《重庆市农村建设用地复垦项目管理规定(试行)》,农村建设用地复垦实行项目管理,并须完成申报核查程序。首先,区县国土管理部门所属土地整理机构应在每年10月30日前,向区县国土管理部门申报下年度复垦计划。其次,区县国土管理部门应在每年12月30日前,会同农业等部门和有关专业技术人员对复垦计划进行审查、组织项目踏勘、向市国土房管局报送下年度复垦计划。再次,市国土房管局根据土地利用总体规划、城镇规划编制城乡建设用地挂钩专项规划,确定建设用地增减挂钩规模和布局,经市政府批准后实施。最后,区县国土管理部门根据市国土房管局下达的年度复垦计划，在当年6月30日前向市国土房管局申请当年复垦项目入库核查备案，并办理相关手续；监督复垦项目实施并会同农业等部门验收复垦项目；申请市国土房管局抽查确认复垦项目的面积和质量等。

2. 农村土地申请复垦的条件。主要包括土地权利人自愿申请，在农民家庭申请复垦的情况下由所在农村集体经济组织出具同意复垦的书面材料，土地权利人提供具有合法稳定的住所和生活来源的证明材料等。满足复垦条件的土地权利人达30家的乡镇政府可向区县国土资源行政主管部门申报项目（达50家的必须申报）。

3. 复垦项目实施规则。一是明确了复垦责任主体。根据《重庆农村土地交易所管理暂行办法》第23条的规定，农村土地复垦责任主体是拥有复垦土地所有权的农村集体经济组织或拥有该土地使用权的自然人。复垦项目申请立项批准后，责任主体可以委托复垦机构复垦。二是建立了实施项目管理机制，《重庆市农村建设用地复垦项目管理规定（试行）》第14条规定，复垦项目要严格实行项目法人制、施工招投标制、工程监理制、施工合同制、实施公告制和项目审计制等。三是建立了复垦项目融资机制。为解决复垦项目融资难问题，依照相关规定，复垦项目投资由承担单位筹措。

4. 复垦验收的流程和合格标准。为了进一步规范和优化农村土地复垦工作程序，提高工作效率，维护复垦农户和农村集体权益，重庆市国土房屋管理局于2013年印发了《优化农村建设用地复垦及地票交易流程方案的通知》，规定复垦验收的流程具体包括验收申请、竣工测绘（同步），竣工测绘成果审查及修改，区县国土资源行政主管部门验收、核发合格证，市国土资源行政主管部门委托土地整治中心抽查复核、监督检查。依据《重庆市农村建设用地复垦项目管理规定（试行）》第15条规定，项目竣工后土地质量应达到的标准，包括有效土层厚度不低于40厘米、砾石及瓦砾含量不超过15%，耕地平均台面坡度不超过15度、园地不超过25度等。

5. 地票申请与签发的主体。农村土地复垦验收合格后，土地权利人，即农村集体经济组织、申请农村宅基地及其附属设施用地复垦的农民家庭及拥有土地权属的其他组织按照重庆市土地复垦有关规定，向市国土资源行政主管部门申请确认并由其核发建设用地指标凭证。

（三）规范地票供给与申领的意义

1. 有利于地票市场可持续发展

地票供给与申领是地票整个运行过程的开始，完善地票供给与申领制度可以为地票运行过程提供良好的开端。总体而言，地票运行可以分为地票供给与申领、地票交易、地票使用以及地票收益分配等环节。地票交易强调地票的市场流通，地票使用强调地票功能的实现，地票收益分配强调土地增值利益的公平分享，这些环节均以地票产生为前提，而地票供给与申领制度正是地票得以顺利产生的保证。完善的地票供给与申领规则可以为其后地票运行的各个环节奠定制度基础，保障地票市场的可持续发展。

2. 有利于城乡统一的建设用地市场的建立

作为地票供给与申领的第一个步骤——编制并确认地票发放规划是地票产生的出发点。根据现行规定，市国土资源行政主管部门依照严格的程序科学编制城乡建设用地挂钩专项规划是地票产生并且有序运行的保障，完善的地票供给与申领制度要求专项计划中的地票指标规模适当、布局合理，并确保占补平衡，真正消除城乡建设用地市场中存在的不合理差别。而地票的运作原理就在于实现城市建设用地面积增加与农村建设用地面积减少之间的联动。因此，市国土资源行政主管部门对地票，即建设用地指标凭证的规模和布局的确定将会直接影响到本市城乡统一建设用地市场的建立。

3. 有利于耕地保护目标的实现

无论是国务院颁发的《关于推进重庆市统筹城乡改革和发展的若干

意见》,还是重庆市政府颁布的《重庆农村土地交易所管理暂行办法》均将坚持最严格的耕地保护制度确立为基本原则。在地票运行过程中,对于耕地保护而言意义最为重大的就是复垦环节。复垦规则是地票供给与申领规则中的核心部分,其具体包括申请复垦立项规则、复垦实施规则以及复垦验收规则。申请复垦立项规则是确定申请复垦资格的规则,其设立目的在于确认复垦土地的所有权,保证复垦行为的合法性。复垦实施规则的内容包括明晰复垦责任主体和强化复垦项目管理。前者将复垦责任,即确保复垦后新增耕地的质量合格落实到具体主体,后者是复垦工作顺利开展的制度保障。复垦验收规则通过规定较为严格的验收程序和验收标准,保障验收效果的实现。由此可见,复垦工作是以保护耕地为最高目标和首要原则,完善的复垦规则有利于耕地保护目标的实现。

二、地票供给与申领存在的制度瓶颈

(一)复垦计划申报核查规则难以确保复垦计划的科学性

在复垦计划申报规则方面,《重庆市农村建设用地复垦项目管理规定(试行)》第7条建立了复垦计划层层申报的制度,即项目承担单位向区县国土管理部门申报复垦计划、区县国土管理部门向市国土房管局申报复垦计划。在层层申报复垦计划的过程中,项目承担单位提供的最初复垦计划对于市国土房管局制订年度复垦计划而言意义重大,是市国土房管局编制计划的基础性材料。同时,根据该规定第5条,"区县国土资源管理部门所属土地整理机构为农村建设用地复垦项目的承担单位。"可见,现行复垦计划申报规则建立的是一套以土地整理机构为核心的具有行政主导性特征的计划管理制度。在制订复垦计划时,发挥行政部门的主导性具有一定的合理性和必要性。但是,制订复垦计划时依赖行政部门所属的土地整理机构则并不能适应地票市场化的发展趋势。诚然,在地票制度推行初期，政府部门出资设立土地整理公司进行复垦具有一定的可行性与必要性。但随着地票市场化发展程度的提高，土地整治市场亦将逐步开放，更多非政府部门的土地整理机构将进入这一领域。在多元化的土地整理主体格局之下，政府部门附属的土地整理公司制订的复垦计划对区县国土管理部门的参考意义将逐步变小。如果区县国土管理部门依赖此类土地整理公司，仅依据其复垦计划向市国土房管局申请项目入库核查备案，将会极大影响市国土房管局确定下一年度复垦规模和布局的科学性，从而在源头上制约地票市场的健康运行。因此，复垦项目申报制度应在地票市场化运作水平逐步提升的过程中加以完善。在复垦计划核查规则方面，根据《重庆市农村建设用地复垦项目管理规定（试行）》的相关规定，区县国土管理部门是核查项目承担单位申报下年度复垦计划的责任主体。虽然根据该规定，区县国土管理部门在对复垦项目计划进行审查时，还应会同农业等部门和有关专业计划人员。但是，作为会同方的农业等部门并非复垦计划核查工作的监管机构。复垦计划审核时，涉及农业、林业、环保等多方面专业知识，将农业部门、林业部门、环保部门等排除在适格监管主体范围之外，审核结果的科学性存疑。同时，现行复垦计划核查规则还缺少核查标准的相关规定，造成了实践中区县国土管理部门核查工作随意性较大，如此也无法保证复垦计划审核结果的科学有效。

（二）现行规则没有将农民确立为独立的复垦权利主体

独立的复垦权利主体是指作为建设用地使用权人的农民，依法享有的不受其他主体干涉的可以申请复垦的权利。根据《重庆农村土地交易所管理暂行办法》的规定，申请复垦的农民家庭要有所在农村集体经济组织同意复垦的书面材料。由此可见，现有立法并没有将农村建设用地使用权人确立为独立的复垦权利主体，农户申请宅基地等建设用地复垦必须获得农村集体经济组织的同意。这就为农户申请复垦设立了前置程序，没有凸显农村建设用地使用权人应有的法律地位。而事实上,“在实践中,农村集体经济组织同意复垦的‘书面材料’不过是个别村干部同意使用集体经济组织印章的代名词”。① 由于建设用地使用权人作为复垦权利主体的地位缺失,地方政府在复垦规模上又实行行政性的指标管理,导致建设用地使用权人的复垦申请得不到及时处理,复垦需求受到行政管理不恰当的抑制。当申请复垦农户数量较大,申请复垦建设用地亩数超过规定指标时,集体经济组织并无有效措施保障复垦指标公平分配,由此为权力寻租留下了空间,最终将影响地票生产与交易的持续运行。以2012年在重庆江津区调研发现的情况为例,2012年江津区确定复垦指标为5200亩,而事实上江津区上报的申请复垦数量已超额。我们走访的江津区李市镇牌坊村从2008年推行地票制度至调研日(2012年10月30日),已经批准复垦并转户的农户有23户,另有20余户正在申请复垦。2008年、2009年进行复垦登记的部分农户,直到2011年才批准实施。总体而言,从申请、复垦到验收、发票的周期较长,这无疑是导致地票供给不足、地票交易不畅的重要原因。同样的问题还体现在《重庆市农村建设用地复垦项目管理实施细则(试行)》关于复垦项目申报最低人数的限制性规定上。根据《重庆市农村建设用地复垦项目管理实施细则(试行)》第10条的规定,“满足复垦条件土地权利人达30家,乡镇政府可向区县局申报项目”。可见,现行制度并没有真正赋予农民个人自行申报复垦的权利,没有突出农民的复垦权利主体地位。

(三)复垦项目实施规则存在缺陷

在复垦项目实施中,农民与土地整治机构之间尚未建立有效的委托关系。虽然根据《重庆市农村建设用地复垦项目管理规定(试行)》的要求,

---

① 黄忠:“浅议‘地票’风险”,载《中国土地》2009年第9期。

农村建设用地复垦项目的承担单位应为区县国土资源管理部门所属的土地整理机构。但在实践中，此项规定并没有得到有效落实。在 2011 年 4 月走访梁平县龙门镇发现的情况是，从农民角度而言，当地基本是由本村 50～60 岁的村民承担复垦整治工作，并未聘请专业的复垦机构进行土地整治。其主要原因是整治费用较高，村民对整治机构缺乏信任，并且农民的法律意识淡薄，规范的复垦合同制度缺位。由于缺乏复垦费用、风险与责任的合理分担机制，政府又未能提供必要的融资支持与整治监管，在申请复垦换回补偿款的激励下，农民基于经济利益与成本的权衡，会选择自己或雇佣本村居民进行复垦。但是，由村民进行复垦不可避免地存在人身安全及土地质量保障方面的潜在问题。从土地整治机构的角度而言，现行规则也存在阻碍其与农民建立有效委托关系的弊端。根据《重庆市农村建设用地复垦项目管理规定（试行）》第 9 条的规定，复垦项目投资应由承担单位筹措。此条的立法目的在于帮助农民解决复垦费用难题，但强制土地整治机构筹措项目投资，漠视了土地整治机构自身运行成本，极大影响土地整治机构参与复垦的积极性。

现行复垦项目实施规则也阻碍复垦项目的市场化运行。最为集中的体现是现行规则赋予了地方政府垄断土地复垦市场的地位。根据《重庆市农村建设用地复垦项目管理实施细则（试行）》第 23 条的规定，各区县应当根据县级政府规定的组织实施方式，确定复垦项目实施组织单位。并且，此条还将工程实施组织单位限定为区县农村土地整治机构、乡镇政府或区县政府成立的国有单位。尽管《重庆农村土地交易所管理暂行办法》第 23 条规定，农村土地复垦申请立项批准后，农村集体经济组织或自然人可以自行申请土地复垦。但在政府垄断土地复垦市场的前提下，建设用地使用权人可选择的土地整治机构范围过窄。在现实中，土地整治机构市场并没有形成，建设用地使用权人的自行申请权也无法实现。

（四）复垦项目验收规则存在缺陷

在复垦项目验收中，缺乏独立、专业的第三方评估机构和科学、权威的评估标准。地票制度的重要意义是在确保不触动我国18亿亩耕地红线的基础上，实现城乡建设用地市场联动。然而，保证耕地数量不代表保证了耕地质量，缺少独立专业的复垦评估机构和科学、权威的复垦评估准则会给耕地质量带来潜在的风险。根据《重庆市农村建设用地复垦项目管理规定（试行）》等相关制度的规定，复垦验收工作主要由区县国土管理部门组织，市国土房管局组织对项目验收抽查。而实践中，实施复垦的大多为土地整治机构，该机构又是区县国土管理部门的下属单位。因此，区县国土管理部门在复垦项目验收过程中实质上扮演了既是“裁判员”又是“运动员”的双重角色。由于复垦验收缺少独立专业的第三方评估机构，将很难确保评估结果的真实有效性。同时，现行评估标准规则也不具科学性。《重庆市农村建设用地复垦项目管理规定（试行）》第15条对于“道路通达”、“相对集中连片”以及“结构坚实美观”等竣工后土地质量应达到的标准规定缺乏相对客观、可行的参照标准。走访江津区李市镇牌坊村等地观察到，经过复垦而产生的耕地上庄稼长势良好，但是在政策支持性复垦地区，如高山生态移民搬迁地区、采煤深陷区、灾毁地复垦等，将该地区土地复垦为耕地，进行地票交易，如果缺少科学的土地质量评估标准，耕地质量令人担忧。①

（五）地票签发规则严重缺位

目前关于地票签发的规则仅有《重庆农村土地交易所管理暂行办法》

---

① 项树明、邹士鑫、郑畅：“对新型城镇化背景下地票交易制度风险防范的思考”，载《经济研究导刊》2014年第23期。

第19条第4款，其内容亦仅明确了地票签发的主体。该条规定，在复垦验收合格后，权利人按照重庆市土地复垦有关规定，可以向市国土行政主管部门申请确认并核发建设用地指标凭证，即地票。而目前规范重庆市土地复垦行为的主要制度性依据《重庆市农村建设用地复垦项目管理规定（试行）》和《重庆市农村建设用地复垦项目管理实施细则（试行）》在签发地票方面的规定上均为空白，既缺乏关于地票签发条件方面的规定，亦未提供关于签发审查程序方面的依据。地票签发是地票产生的最后一个步骤，一套完备的地票签发规则将有利于监督地票供给与申领其他各个步骤相关规则的执行情况，既为市国土资源行政主管部门申请确认并核发地票提供法律依据，也可以为申请签发地票的土地权利人维护其合法权益提供具有可操作性的法律支持，减少制度不确定带来的风险。

（六）地票直接使用规则缺位

地票直接使用是指地票产生后，本农村集体经济组织或者农户家庭将部分或者全部建设用地指标凭证自行使用，用于冲抵本农村集体经济组织或者农户家庭在本地或者外地增加的同等面积农村建设用地。在实践中，通过土地置换，建设农村集中居住区就是地票直接使用的主要方式。地票直接使用制度可以在不违反耕地保护目标的前提下，扩大地票的用途范围，在一定程度上增强农民参与复垦的积极性。《重庆农村土地交易所管理暂行办法》第30条第3款规定，建设用地指标交易之前，优先满足集体建设用地。同时，《重庆市农村建设用地复垦项目管理实施细则（试行）》第7条规定了土地权利人申请复垦应具备的条件，其中第1款规定，土地权利人有合法稳定住所，在农村建设房屋要扣除新建占地面积。以上两个条文是对地票直接使用合法性的确认，但在规范地票直接使用方面显得过于粗糙。

三、地票供给与申领法律制度完善

（一）完善复垦计划申请审核法律制度

1. 为了适应土地整治市场逐步开放的发展趋势，应对现行复垦计划申请规则进行修改。区县国土管理部门向市国土房管局报送的下年度复垦计划应逐步摆脱对项目承担单位的依赖，建议将申报复垦计划的基层单位直接定为乡镇政府。

2. 为了确保复垦计划审核规则的科学性，还应突出强调农业部门、林业部门以及环保部门等行政主体在审核复垦项目计划中的作用。一方面，应通过立法将国土房管局、农业局、林业局等与复垦项目直接相关的政府部门均确定为审核复垦计划的主体。地票复垦的原理是将乡镇企业用地、农村公共设施用地、公益事业用地、农村村民住宅用地及特殊用地复垦成耕地，对以上类型土地的开发利用进行监管的主体主要包括区县国土房管局、农业局、林业局、环保局等。通过立法将其确立为审核复垦计划的主体具有可行性和必要性，以此可以充分发挥各部门专业优势，增大复垦计划审核结果的科学性。另一方面，应依法为各监管主体配备职权和职责。完善的职权、职责配备规则可以防止以上四个部门在审核复垦计划时出现相互推诿现象，也可以避免出现监管真空地带。例如，由于国土房管局是整个复垦流程中最重要的监管主体，应整合和协调其他部门工作的权责配备给区县国土房管局。具体包括整合其他审核部门对于复垦计划问题提出的意见，协调农业局、林业局和环保局等部门在审核复垦计划时出现的争端等权责。

3. 应依法明确复垦计划审核标准。《重庆市农村建设用地复垦项目管理规定（试行）》规定了复垦计划审核的内容，具体包括项目范围、权属、种类、面积、地上附着物、土地权利人意见和周边土地利用等因素。但相关规定因缺少相应的合格标准而根本不具有可操作性。“某些农村建设用地本身就在坡地、台地上，不适合作为农用地复垦，表面上可以进行绿化，从而可以骗过卫星遥感测绘，但没有真正实现农业用途。”①通过明确复垦计划审核标准，可以减少审核部门工作的随意性。提高了审核部门工作效率的同时，也实现了审核结果的科学有效。

（二）依法将农村建设用地使用权人确立为申请复垦的权利主体

依据《重庆农村土地交易所管理暂行办法》等相关规定，农户家庭申请农村宅基地及其附属设施用地复垦，须提交农村集体经济组织同意复垦的书面材料，这一规定不利于确立复垦权利主体的独立地位。复垦权利是指建设用地使用权人享有的自主决定其是否申请复垦的权利。只有首先确立复垦权利主体的独立地位，才能为进一步明确地票持有主体的地位提供逻辑基础。地票是建设用地使用权人让渡其土地利益后形成的建设用地指标，地票的权利主体应当是建设用地使用权人，因而在地票产生的初始环节——复垦过程中应当确立建设用地使用权人独立的法律地位。农村建设用地使用权人有权将其闲置、废弃的建设用地申请复垦为耕地从而产生可交易的建设用地指标，即地票。换言之，决定是否申请复垦的权利应赋予农村建设用地使用权人，农村集体经济组织不得不当干涉。比如，当宅基地使用权人决定申请复垦其拥有合法权利的宅基地时，无须经农村集体经济组织同意。为避免宅基地复垦为耕地后再次申请宅基地的情况，可以要求宅基地使用权人向集体经济组织告知复垦意愿，由集体经济组织进行登记备案并配合相关行政部门完成复垦审批程序。将申请复垦的权利依法赋予给土地权利人，可以由其自行向国土资源行政管理部门进行申

---

① 杨继瑞、汪锐、马永坤：“统筹城乡实践的重庆‘地票’交易创新探索”，载《中国农村经济》2011年第11期。

报,相关部门无法定事由不得拒绝其申请。同时,应修改现行规则关于复垦项目申报最低人数的限制性规定。

(三)完善复垦项目实施法律制度

现行复垦项目实施规则反映的问题本质上涉及土地复垦中政府与市场的定位问题。

从构建土地复垦市场的法律制度出发,应重点完善复垦机构的市场准入和市场竞争法律制度。在复垦机构的市场准入制度上,考虑到土地整治是地票产生的基础环节,是地票制度得以顺畅运行的基本条件,因此,在市场准入方面应当实施许可制度,要求土地整治机构应当具备特定的资质条件。在复垦机构的市场竞争制度上,土地整治市场本身应当是开放性、竞争性的,这是地票市场化运行的必然要求。尽管在地票制度推行初期,依靠政府力量推动复垦工作,并在区县国土管理部门设立土地整理机构具有一定的合理性和可行性,但是土地整治机构不能借此垄断相关市场,排除具有土地整治能力的其他市场主体参与市场竞争,并且随着地票市场日趋活跃,具备复垦实施资质的相关主体数量增加,土地整治市场的开放度、竞争度还应当进一步提升。基于此,在立法上应当确立公开、公平、自由竞争的基本原则,允许符合资质条件的相关主体通过有序竞争承揽复垦业务,由此可以从根本上激活土地整治市场。

从构建土地复垦中政府职能定位的法律制度出发,应重点完善复垦费用、质量监管和政府服务法律制度。首先,建立复垦费用的政府指导价及垫资补偿制度。即土地复垦费用由农村建设用地使用权人以政府指导价形式承担,如果农村建设用地使用权人无力支付复垦费用,可以通过立法规定由土地整治机构垫付,但双方应在土地复垦协议中约定垫付金额及其垫付期间的利息计算方法,土地整治机构垫付的复垦费用及其利息,在建设用地使用权人转让地票后,由地票交易结算机构代收并支付给土地整治机构。其次,建立土地复垦监理制度和信息公示制度。在土地整治过程中,政府国土资源行政管理部门应当加强质量监管,而不应介入土地整治的具体运行过程。建立土地复垦监理制度的关键是赋予监理机构的法定职责并确保监理机构与土地整理机构之间的相互独立。建立土地复垦信息公示制度,则应将重点放在土地整治机构的信息披露义务上,增大社会公众对其进行监督的力度。最后,依法制定标准化的土地复垦协议。政府在土地复垦市场中应积极发挥其服务职能,应通过法律规定由市政府制定标准化的土地复垦协议。在建设用地使用权人与土地整治机构委托关系的建立中,委托协议发挥着关键的作用。在土地复垦中,建设用地使用权人与土地整治机构之间的权利义务,均由土地复垦协议确定。与土地整治机构相比,农民在土地复垦市场中处于劣势地位。为了防止土地整治机构利用土地复垦协议侵犯农民的合法权益,应积极发挥复垦协议的规范作用,确保公平分配各方权利义务。当然,在平衡复垦委托人与受托人之间权利义务方面,司法机关也发挥着重要作用,其可以通过对复垦协议的内容审查来实现公平正义。但司法解决机制需要付出一定经济成本,并且有一定滞后性。由行政部门制定标准化的复垦协议可以事前起到防范纠纷产生的功能,更加具有可行性。

(四)完善复垦项目验收法律制度

就复垦项目验收而言,应大力发展复垦评估机构,建立规范的复垦评估法律制度。首先,确立复垦评估机构的独立法律地位。复垦评估机构是独立于复垦实施机构以及复垦验收机构的第三方机构。该机构应采用公司化的经营模式,依据《公司法》的要求进行注册和运作,其基本定位是专门为土地复垦工作服务的组织。为促进该机构的发展,还可以结合目前我国颁行的大量扶持小微企业的金融和财税政策,使复垦评估机构以小微企业身份享受相关优惠政策,以减小改革成本。同时,为了保证复垦评估机构的中立性,建议以地票交易获得的税费来支付复垦评估机构的相关评估费用。其次,建立规范的土地质量折算评估体系。评估机构对复垦土地质量的评估应当建立在土地复垦后质量是否降低以及降低的程度基础上。对于复垦后质量下降的土地,应依照法定的折算方法提供具体的评价指标,其操作步骤是:确立重庆市耕地的标准等级,并量化为耕地利用等级指数;在此基础上建立农用地等级评价指标体系,确定复垦后耕地的质量,计算出复垦后耕地的等级指数,①利用地票面积/复垦后耕地面积 = 标准耕地等级指数/复垦后耕地的等级指数公式,确定最终可以使用的地票面积。地票制度出于度量的方便,将面积占补平衡作为主要标准,但是在只保证面积的条件下,产量下降没有制度约束,很容易造成产量缺口增大,危害粮食安全的弊端。② 因此,完善复垦验收规则应以土地质量为核心,从面积占补平衡走向产量占补平衡。对于达不到质量标准的耕地,应通过扩大面积增大产量的方式来实现占补平衡。最后,建立土地复垦评估的具体指标体系。土地复垦评估机构的工作,应当依照详细客观的指标体系进行。该评价指标体系应实现定量化、动态化以及对复垦验收的约束力。量化的评价指标可以降低评价的主观性,因此,在复垦评估指标体系的设计中应当尽可能吸纳定量指标。具体可以参照我国《土地复垦技术标准(试行)》中有关农、林、牧业指标测试方法的规定。将可以量化的覆土面积、覆土厚度、地面平整度、土壤容量、土壤有机质、土壤 pH 值、土壤含盐量等指标作为主要评价因素。复垦评估还应当是动态、持续进行的过程,不仅运用于提交验收申请的环节,还应当在验收合格后的阶段对土地质量进行跟踪监测,因而有必要建立动态的复垦评价指标体系。在这里可以借鉴国务院 2011 年颁布的《土地复垦条例》的做法,规定国土资源主管部门在复垦项

① 谭峻:"重庆市地票交易制度评论",载《公共管理与政策评论》2013 年第 2 期。

② 池芳春:"未来粮食需求增加条件下的地票制度创新试析",载《中国农机化》2012 年第 6 期。

目验收合格后的5年内对复垦效果进行跟踪评价，并提出相应完善建议和措施。复垦评估机构做出的评估结论对行政机关验收审查具有约束力，行政机关应严格依照专业评估机构的评估报告做出复垦土地是否验收合格的结论。

（五）制定签发地票实体和程序方面的法律规则

在制定签发地票实体方面的法律规则时，重点应规定签发地票的法定条件。具体而言，为了证明申请人已完成地票供给与申请前四个步骤的相关要求，申请签发地票的土地权利人应提交以下材料：证明土地权属的集体建设用地使用权证书；复垦乡镇企业用地、农村公共设施用地、公益事业用地等集体经济组织所有的建设用地，经过了本集体经济组织村民会议2/3以上成员或者2/3以上村民代表同意的证明，以此证明该处分行为的有效性；为了证明复垦行为合法性的市国土资源行政管理部门出具的核准复垦手续；确定复垦实施主体的复垦协议书；确定指标面积和位置的土地测绘机构出具的复垦土地测绘报告；证明复垦达到合格标准的区县国土资源行政管理部门出具的竣工验收意见书和市国土资源行政管理部门出具的复垦合格证等。在制定签发地票程序方面的法律规则时，应尽可能优化签发地票的程序，提高工作效率。为方便农民申请签发地票，各区县国土资源行政部门的下属部门，如房管所可以承担初审材料的接收工作，由其转报给区县国土资源行政部门，供其初审审查使用。经初审合格的，应向申请人发出书面受理通知书；初审不合格的，应通知申请人补充提交相关材料。对于初审合格的申请材料，区县国土资源行政部门应将材料转报给市国土行政管理部门，供其终审使用。审查合格的，向申请人签发地票。审查不合格的，应向申请人出具书面的处理意见书。由于签发地票前，国土资源行政部门已在复垦申请、实施和验收环节对复垦工作进行了实质性审查，签发地票的审查应主要集中在对上述材料的形式性审查上。因此，对审查时间的规定应尽可能缩短。补充提交材料的，自收到补充材料之日起重新计算审查时限。

（六）将农村集中居住区建设纳入法治化轨道

为了规范地票直接使用，以此增大农民参与复垦的积极性，建议强化地票直接使用法律制度供给，积极推动农村集中居住区建设。

强化建设施工主体法律责任的落实，提高农村集中居住区的质量建设水平。课题组在一些农村集中居住区调研时发现，新建设的房屋多为二层小楼，外观整齐，但村民反映房屋质量存在一定问题，在公共道路、污水处理系统等公共设施建设方面亦存在质量问题，农民选择在集中居住区实际居住的并不多见。为了提升集中居住区建筑质量水平，法律应发挥其惩戒功能，强化建设施工主体法律责任的落实。针对集中居住区房屋的质量问题，如果建设施工单位存在违规违法行为，造成建筑物出现严重质量问题，应依照现行相关法律、法规采取行政处罚等手段，对于因此给相关权利人造成的经济损失，发包方也可以向司法机关起诉要求施工单位承担民事赔偿责任。针对公共设施存在的质量问题，应为农民建立便利、可行的投诉机制，切实追究施工单位的相关法律责任。

推行激励性法律措施，积极推动适应集中居住区特点的相关产业发展，对复垦土地进行公司化、规模化经营。集中居住区一般离复垦土地距离较远，并且居住者大多是留守农村的年老农民或妇女儿童，家庭中能够实际从事耕种劳作的人力严重不足。要保障复垦土地的质量并为集中居住区农民提供生活保障，可以因地制宜，大力发展适应于集中居住区特点的其他创收产业。例如，重庆市梁平县龙门镇集中居住区在政府的帮扶下，成立了竹业加工地，由政府牵线，负责竹业制品的销售。在调研中，曾于 2011 年 4 月走访了梁平县龙门镇乐胜村，了解到有多家农户在承揽竹席的编制工作，竹席编制完成后由村委会或者政府扶持的当地农户进行收购,再拿到市场上进行出售。这种在集中居住区因地制宜地发展创收产业的做法,增加了农民收入,减轻了农民复垦宅基地的后顾之忧,有利于克服地票制度推广的障碍。同时,对于经过复垦成片的耕地,还可以选择雇用专业的土地公司、将土地进行重新发包或者组建农民专业合作社等方式,对复垦耕地进行规模化经营,以降低农民个体耕种的劳动成本,提高经济效率。在集中居住区发展创收产业以及实施土地规模化经营的过程中,法律应当发挥其激励性功能。对于创收产业的收益、土地规模化经营产生的收益,可以结合现有税收法律制度,在税收法定的基础上进行税收减免。

第三章　地票交易法律制度

一、地票交易法律制度概述

（一）地票交易的含义与程序

地票交易是指以地票为载体的地票权利的转移。从狭义上讲，地票交易包括地票出让和地票转让。前者是指农民或者农村集体经济组织持有国土资源行政部门为其签发的地票，首次到重庆农村土地交易所进行出售的行为。后者是指通过法定程序，从农民或者农村集体经济组织手中竞得地票的权利人，再次出售地票的行为。前者形成地票交易一级市场，而后者形成地票交易二级市场。从广义上讲，地票交易除了包括地票出让和地票转让外，还包括地票权利质押。本章从狭义角度出发，讨论地票出让法律制度和地票转让法律制度。地票权利质押法律制度将在第四章进行阐释。我国现行法律制度并没有对地票转让和地票权利质押行为进行规定。目前实践中，地票市场中最为活跃的是地票出让行为。地票出让的程序主要包括：转让申请、转让审核、组织转让、价款结算、转让登记五个环节。

（二）现行地票交易法律制度的内容

主要包括重庆市政府2008年颁布的《重庆农村土地交易所管理暂行办法》，重庆市国土房屋管理局2011年印发的《关于调整地票价款分配及拨付标准的通知》和2013年印发的《优化农村建设用地复垦及地票交易流程方案的通知》等。以上规范性文件仅对地票交易中的地票出让行为进行规制，具体内容主要包括以下几个方面：

1. 地票出让的申请方式。根据《重庆农村土地交易所管理暂行办法》第24条的规定，申让方可以自行向重庆农村土地交易所提出转让申请，也可以委托代理机构代理申请。如采用后者，需要向土交所提交委托书。

2. 地票出让的审核主体和审核内容。根据《重庆农村土地交易所管理暂行办法》以及《优化农村建设用地复垦及地票交易流程方案的通知》的规定，受理地票出让申请的主体为土交所，审核的内容主要包括申让方是否具备资格条件和相关申请材料是否完备齐全。《优化农村建设用地复垦及地票交易流程方案的通知》中还建立了农户信息预审核制度，在其附件《复垦及地票交易流程图》中有所体现。根据该流程图显示，农户信息预审核的流程为区县局向当地农商行支行报送农户身份和集体账户资料，由区县农商行支行预审，并出具农户身份预审结果，告知包括土交所在内的相关部门。

3. 地票出让的场所、程序和申购人资格。在出让场所方面，根据《重庆农村土地交易所管理暂行办法》的规定，凡地票交易，必须在土交所内进行。土交所的监管主体为重庆农村土地交易所监督管理委员会，开展工作时还应受市国土资源、农业、林业等部门指导。土交所的职能，包括建立农村土地交易信息库、发布交易信息、提供交易场所和办理交易事务等。

在出让程序方面,《优化农村建设用地复垦及地票交易流程方案的通知》规定了地票出让的程序,主要包括受理申请、组织交易和价款结算三个环节。其中,组织交易环节又包括拟定交易方案,交易方案会审,发布交易公告、接受竞买单位报名,组织交易活动,土交所与竞得人签订成交确认书,竞得人支付地票价款等步骤。在申购人资格方面,现行规则没有对其进行较为严格的限制,根据《重庆农村土地交易所管理暂行办法》,一切农村集体经济组织、法人或者其他组织以及具有独立民事能力的自然人,均可在土交所公开竞购地票。

4. 地票出让基准交易价格和调控管理制度。《重庆农村土地交易所管理暂行办法》第 25 条规定,由重庆市人民政府在综合考量耕地开垦费等因素基础上,制定统一的地票基准交易价格。根据该办法第 30 条的规定,若交易价格低于基准价格,土地所有者有优先回购权。就基准价格的具体标准而言,《优化农村建设用地复垦及地票交易流程方案的通知》制定的最低保护价是重要的参考依据。根据其规定,复垦农村宅基地及其附属设施用地的,农户和农村集体经济组织所得价款的最低标准分别为 12 万元/亩、2.1 万元/亩。为加强对地票出让的宏观调控,《重庆农村土地交易所管理暂行办法》第 26 条规定,重庆市人民政府要根据年度用地计划、挂钩周转指标规模和经营性用地需求情况,对每年度交易指标量进行计划管控。

(三)构建地票交易法律制度的意义

1. 为农民在地票出让环节实现合法权益提供制度保障

与其他环节一样,在地票出让环节,农民与其他市场主体相比依然处于劣势地位。构建完善的地票出让法律制度在一定程度上有利于矫正农民在市场竞争中的弱势地位,是农民在地票出让环节实现合法权益的重要保障。首先,为了方便农民出让地票,通过建立地票出让委托代理制度,为农民设计了委托代理申请地票出让的具体规则。其中,《重庆农村土地交易所管理暂行办法》第 24 条第 3 款规定代理机构代理申让指标时,在出具土地指标凭证的同时,必须提交委托书。强制要求代理机构提交委托书,可以防止代理机构实施无权处分行为而违背农民真实出让意愿,侵害农民的合法权益。其次,明确地票出让场所和出让程序,利于农民获得合理的出让价款。《重庆农村土地交易所管理暂行办法》规定,地票出让必须在农村土地交易所内进行。农村土地交易所作为地票出让的官方平台,通过科学设定交易规则,增大农民在地票出让时的话语权,防止农民在私下交易中合法权益被强势购买方所侵犯。同样地,明确地票出让程序,可以为地票买卖双方提供较为固定的交易流程,防止强势地票购买方利用程序漏洞购买地票,以此影响农民收入。最后,通过建立地票出让基准交易价格制度,依法确定合理的最低出让价格,并确立土地所有者的优先回购权,可以确保农民的最低收益,以此减少市场不确定风险给农民收益带来的不良影响。

2. 为确定地票出让监管主体并规范监管行为提供依据

依法确定地票出让审核主体和审核内容是明确地票出让监管主体和监管内容的必然要求。完善的地票出让审核主体和审核内容法律制度可以为法定监管主体提供监管地票出让行为的依据,是授权与限权相统一的体现。在审核地票出让申请方面,现行规则将土交所确立为审核主体,可以防止监管真空和监管推诿现象的出现。在确定审核内容方面,现行规则一方面规定了申请人主体资格和申请材料,可以为土交所审核行为提供依据,在另一方面也是对其审核行为的约束,强调其必须在法定范围内对上述内容进行审核。

二、地票交易法律制度存在的问题

(一)地票出让单元和出让方式规则缺位

现有的涉及地票出让的规定主要围绕程序问题展开,如《优化农村建设用地复垦及地票交易流程方案的通知》等,而对地票交易的实体问题,如地票出让单元和出让方式等缺乏具体规定。这是目前地票交易法律制度供给的薄弱环节。

1. 重庆市有关地票出让单元方面的规定处于法律真空地带。设置地票出让单元主要涉及确定地票打包方式和最低开市规模的问题。一方面,不同的地票打包方式会显著影响地票的价格,同时可能产生为预购地票的开发商等申购人量身定制地票的合谋空间,从而在事实上排除其他竞购人的申购意向,妨碍地票出让的公平性,最终影响地票交易潜在参与主体的合法权益。在调研中发现,目前土交所对地票的打包方式缺乏具体规范。以 2014 年地票出让情况为例,从重庆市国土资源和房屋管理局公众信息网查询的资料显示,截至 2014 年 8 月 29 日,所发布的 3 场地票交易公告中均注明单场地票出让以复垦项目为基本单位,但单张地票最小面积和最大面积相差悬殊。如《重庆农村土地交易所建设用地指标(地票)公开交易公告》(渝农地所告字〔2014〕1 号)显示,该次交易单张地票面积最小 105.513 亩,最大 565.737 亩。而根据《重庆农村土地交易所建设用地指标(地票)公开交易公告》(渝农地所告字〔2014〕2 号)、《重庆农村土地交易所建设用地指标(地票)公开交易公告》(渝农地所告字〔2014〕3 号)显示,上述两次交易拟出让的单张地票面积最小分别为 93.7845 亩、30.27 亩,面积最大分别为 533.559 亩、275.9235 亩。一般而言,单张面积较小的地票会吸引更多欲购者参与竞买。相应地,地票的成交单价也会更高。但如果单张地票面积较大,有实力参与竞买的市场主体数量将会减少,地票的最终成交价格也会因竞争主体数量过少而受到影响。同时，如果单张地票面积过大，很可能仅有极少数开发商有能力参与竞买，最终成交价格可能完全由极少数甚至一家开发商所控制。可见，科学地确定地票交易单元十分必要，这将在根本上影响市场中博弈各方的经济利益。另外，地票交易单元应为地票出让的最低开市规模，确定最低开市规模是保证地票交易效率的体现，亦可在一定程度上增大地票开市的确定性。对于如果出现登记出让的地票数量小于地票交易单元的情形如何处理等问题，现行规则并没有进行回应，土交所也没有建立相关的业务规则。

2. 在地票出让方式方面，土交所竞拍地票时，主要采用总价竞拍和单价竞拍两种方式。如 2010 年 4 月 30 日，在土交所举行的重庆市第十一场地票拍卖会上，推出的 1500 亩地票，分为三部分进行拍卖：一是以 500 亩作为一份，采取“总价优先”拍卖方式，对总价进行拍卖；二是选取 200 亩采取“单价优先”拍卖方式；三是将剩余的 800 亩再平分为 8 份，每份 100 亩采取“总价优先”拍卖方式，对总价进行拍卖。地票出让时可以根据市场行情运用多种拍卖方式，但是相关法规并没有对每种竞拍方式的适用条件作出专门规定，这就导致实践中对竞拍方式的选择与确定随意性较大，不利于对地票出让过程进行监督。

（二）地票出让价款的支付时间缺少强制性规定

《优化农村建设用地复垦及地票交易流程方案的通知》在其附件《复垦及地票交易流程图》中规定了竞得人支付地票价款的时限为 30 天，并规定当土交所资金充足时，可先行垫付地票价款以缩短交易进程。然而，上述规则在实践中难以切实发挥作用，交易主体拖欠地票价款的现象较为严重。2012 年 10 月在重庆市江津区调研时发现，受访农民在地票制度推行初期对申请复垦有较高积极性，但是地票价款不能及时到位的问题令农民对地票制度的持续推行深表疑虑，亦使那些本来准备选择复垦的农民不得不作出新的考虑。在江津区李市镇牌坊村2008年登记的复垦农户，经复垦验收合格后，到2012年10月只拿到当时规定最低收益（每亩9.6万元）的40%。访谈中还发现，对于地票出让价款不到位的问题，虽有农民多次向村委会反映，但均无果而终。毋庸置疑，在地票交易过程中，作为地票权利人的农民最关心的就是地票价款足额、及时到位的问题，如果地票出让价款支付时间不确定，其负面效应将会扩散，最终挫伤其他农民自愿申请复垦的积极性，阻碍地票制度的推行。因而保障价款足额、及时补贴到农民个人手中是在源头上保障地票足量供给的关键。而导致地票价款拖欠的一个很重要的原因在于现有制度缺乏强制性的责任规定，对于失信的地票购买者缺乏惩罚措施。

（三）出让价格及成交地票的确定规则缺位

出让价格的确定是对地票价格进行调节的重要基础，由于地票打包方式和拍卖方式的不同，在同一交易日同一场地票出让中，很可能出现不同批次的地票出让价格相差较大的情况。因此，制定合理的地票出让价格确定标准可以确保地票出让收益的公平分享，然而现行制度并没有对相关问题进行规定。成交地票的确定问题涉及当土交所登记出让的地票数量大于成交数量时，依照何种方案确定成交地票来分配地票价款。现有制度缺乏对成交地票确定标准的规定，主要原因是目前土交所登记的地票数量并不大，目前参与出让的地票数量与土交所登记的地票数量基本持平，两者处于基本均衡的状态。但是，随着地票市场的活跃，在土交所登记的地票可能会逐年增大，地票交易的方式亦可能选择拍卖之外的其他公开竞价方式，在这种情况下，当登记的地票数量超过最终成交的地票数量时，需要通过公开的标准确定究竟哪些地票成交，以便完成地票交易款项的及时收付。因而，从地票市场长远发展来看，应当建立规范的成交地票确定规则。

(四)地票转让法律制度缺位

目前,包括《重庆农村土地交易所管理暂行办法》在内的规范地票交易行为的相关法律制度仅仅设定了地票出让规则,对地票交易一级市场进行了重点规制。而在规范地票转让行为,即地票交易二级市场方面,立法仍处于空白的状况。可以说,正是由于地票转让法律制度的缺位,造成了地票交易二级市场的封闭状态,不利于地票交易市场的可持续发展。具体而言,地票转让法律制度的缺失造成以下弊端:首先,对地票交易市场体系建设造成障碍。目前,在地票交易一级市场中,地票交易时间、交易规模在事实上均由政府规定,参与地票出让的主体66.5%也为政府企业。因此,地票交易一级市场在整体上处于不完全竞争的状态。① 构建地票交易市场体系时,除了通过立法完善地票出让法律制度,协调好政府与市场的关系外,还应当积极构建地票转让法律制度,逐步开放地票交易二级市场,为打破政府在地票交易市场中的垄断地位,发挥市场在土地资源优化配置中的作用扫清体制性障碍。其次,对农民根本利益带来损害。地票出让价格是农民分享土地增值利益的基础。而人为限定地票交易二级市场的开放,将抑制对地票的需求,进而影响在地票交易一级市场中地票出让的价格,最终不利于农民对土地增值利益的公平分享。“在复垦成本既定的条件下,要提高农民的复垦收益必须提高指标的交易价格,在指标通过市场化途径配置的条件下,指标交易的价格的形成与指标交易市场的活跃程度密切相关。”②地票交易二级市场的封闭降低了地票交易市场的活跃程度,反映出地票市场定价机制的形成存在制度性障碍,地票出让价格并非是真正的市场价格。最后,妨碍地票融资的顺利开展。尽管在实践中,地票权利

---

① 孙芬等:“关于开放地票交易二级市场的思考”,载《江西农业学报》2013年第3期。

② 吴义茂:“建设用地挂钩指标交易的困境与规划建设用地流转——以重庆‘地票’交易为例”,载《中国土地科学》2010年第9期。

质押已经开始运行,但是如果没有地票交易二级市场,会在根本上动摇以地票进行融资的可能性。[①] 因为一旦地票权利被出质,当债务人不履行债务时,必然要面临如何确定质押物价值以及对质押物进行公开拍卖、变卖的问题,这就需要建立规范的地票交易二级市场作为推动地票质押权顺利实现的平台。

三、地票交易法律制度完善

(一)明确地票出让单元和出让方式

为了实现地票真正市场化的运行,尤其是厘清地票市场与有关行政管理部门之间的关系,有赖于通过制定地票出让实体性规则,确保土交所和地票市场具有相对独立性的法律地位。一方面,建立地票出让单元规则。一是在地票打包方式上,土交所应当根据有利竞争、合理定价的原则确定及调整地票出让单元,降低地票打包的随意性。同时,为了防止土交所与申购人等市场主体之间形成不当利益合谋,应将打包方式的决定权赋予地方政府,规定地票出让单元的确定及调整应当报市政府审批。二是在地票出让最低开市规模上,应确保土交所登记出让地票的数量不少于地票出让单元,即对拟交易的地票数量进行归整,形成达到最低交易规模的一定交易单元,以此为基础进行交易。如果登记申请交易的地票数量未达到基本交易单元,则不予开市。另一方面,应明确地票出让方式及其适用条件。总价竞拍与单价竞拍各具优势。前者一次竞拍成功即可出让全部地票,更具效率性;后者对需求量相对较小的申购人更加适用,在一定条件下,也更利于提高地票出让价格。为了充分利用两种拍卖方式的各自优势,同时给

---

① 黄忠:"让市场发挥更大能量——地票制度再创新的思考",载《中国土地》2013年第2期。

予更多申购人参与地票交易的机会、活跃地票出让市场,建议规定超过一定亩数的地票出让采用单价竞拍的方式,而未达到一定亩数的地票出让方式可以由土交所根据市场行情自行安排,充分发挥两种拍卖方式各自的积极作用。

(二)建立地票出让款项支付的强约束法律制度

导致地票价款迟延的因素较多,比如,区县政府的执行不力、效率低下,但更为关键的因素是出让规则本身的设计存在不合理之处,没有形成对交易款项给付的强约束。这种状况势必挫伤建设用地权利人申请复垦的积极性,进而影响地票的产量,最终导致地票出让市场的萎缩。因此有必要建立地票款项支付的强约束法律制度,如地票竞买的资格限制制度、交易信用"黑名单"制度、地票竞买的保证金制度,强化地票价款的支付约束,促进现实地票交易顺畅进行,解除地票供应者的后顾之忧。首先,建立地票竞买的资格限制制度。将拖欠地票价款作为限制其参与新一轮地票竞买的情形之一。其次,建立交易信用"黑名单"制度。可以对拖欠地票价款者在土交所网站等平台进行信息公示,并与现有的其他市场信用机制(比如,银行信贷)相挂钩。最后,完善地票竞买的保证金制度。在土交所设立专门的保证金账户,要求参与地票竞买者事先交纳一定保证金,以防范后续可能出现的交易风险。关于保证金问题,在现有制度中虽对竞买者提出了缴纳保证金的要求,但是在保证金数额上却没有形成统一的标准。如《重庆农村土地交易所建设用地指标(地票)公开交易公告》(渝农地所告字〔2013〕5号)显示当期拍卖地票面积约为3082亩,土交所规定的保证金数额是每亩2万元,并且规定报名单位可按其所需地票面积缴纳保证金,最终竞得地票总面积可根据缴纳保证金面积上下浮动,但上浮幅度不得高于20%;《重庆农村土地交易所建设用地指标(地票)公开交易公告》(渝农地所告字〔2014〕2号)显示当期拍卖地票面积约为2551亩,但要求的保证金数额为每亩3万元;《重庆农村土地交易所建设用地指标(地票)公开交易公告》(渝农地所告字〔2014〕3号)显示当期拍卖地票面积约为2316亩,要求的保证金数额为每亩3万元,但是没有像上述两次地票出让一样建立保证金浮动规则。建立地票竞买保证金制度时,必须制定出统一的保证金计算标准和适用规则,增强保证金收取的规范性。

(三)明确地票出让价格及成交地票的确定标准

首先,明确地票出让价格的确定标准。由于每期地票出让涉及多张地票,为了保证同一交易日同一场次地票出让价格的一致性,确保农民等地票权利人的地票出让收益公平分享,建议立法中明确规定地票出让价格为交易日出让价格总额除以总交易量。由于每期地票出让均在同一交易日完成,因此,以交易日为时间单位,可以实现上述要求。其次,明确成交地票的确定标准。登记出让的地票数量不少于当期出让地票的最小规模是地票开市交易的条件,当登记出让的地票数量大于当期成交的地票数量时则需要依法确定成交规则,确定出让地票的权利人。建议以地票登记出让的时间顺序确定成交地票,充分借助土交所平台与地票登记的法律效力,促进农民等地票权利主体积极及时登记。

(四)构建地票转让法律制度

首先,应注重改革的阶段性,依法分步骤开放地票交易二级市场。“从现行重庆地票交易模式发展状况来看,二级市场的开放是必然趋势,至于何时开放只是时间问题,如果盲目开放二级市场,势必会在当前流动性过剩的背景下炒高地票价格,出现泡沫。目前最重要的是将地票指标的供给量和需求量以及一级市场与二级市场的关系理顺,并制定二级市场的运行与监管机制，然后再选择合适的时机开放二级市场。”①在地票交易二级市场开放初期，应依法设置限定条件，如可以限定地票转让的主体。“据调查，目前想参与地票转让交易的地票持有者中有75%为企业，因此，可将地票的转让主体类型暂时限定为企业，包括国有企业和民营企业，以避免过度投机行为，造成地票价格不合理的飙升。”②

其次，确定地票场外转让行为的合法性。根据现行规定，地票出让必须在土交所进行。此项规定的设置初衷在于，一方面，发挥土交所在组织地票出让中的基本职能，克服农民或者农村集体经济组织因在一级市场竞争中的弱势地位而引发的市场失灵现象；另一方面，限定地票出让的场所可以对地票交易时间、交易量进行控制，防止新兴的地票制度对土地制度的过大冲击，造成土地流转失控的局面。但是地票转让行为不同于地票出让行为，地票转让的场所不宜由立法作出强制性规定。地票转让行为是一种旨在实现利益最大化的经营性行为，即使农民或者农村集体经济组织再次参与地票转让，其身份也由市场弱势群体转向了以营利最大化为目标的商事主体。虽然与企业相比，农民或者集体经济组织仍处于劣势地位，但是在对地票转让行为的法律规制中，应更多地从完善信息披露制度方面入手，而非强制性要求地票转让行为必须发生在土交所。作为商事主体的地票转让双方当事人，有能力也应该有权利选择更有利于降低交易成本的方式。地票交易二级市场的开放具有阶段性，在完善地票登记等相关制度后，地票转让行为即使不通过土交所，也能得到国家有效调控。

---

① 吴琨：“基于TDR制度的重庆市地票交易模式优化研究”，重庆大学2011年硕士学位论文。

② 覃琳、胡渝清、叶涛：“浅谈地票交易二级市场构建问题”，载《江西农业学报》2014年第11期。

再次,明确地票转让的程序。选择到土交所进行交易的地票权利人,首先应向土交所提出申请。土交所对地票信息进行形式审查后,将对通过审核的地票权利人组织交易。交易的形式采用招标、拍卖还是挂牌,决定权应赋予转让方。地票转让行为完成后,双方根据约定的方式进行价款结算,之后再到国土资源行政管理部门完成权利变更。选择私下转让的双方当事人,仅需到国土资源行政部门进行变更登记,即可完成地票权属变更。除了以上两种交易方式外,还可以运用资产证券化的原理,建立地票二级市场证券化交易流程。即明确该交易流程中五个主要参与主体:地票持有者、商业银行、特设机构(SPV)、政府机构和证券投资者。在此基础上,建立完整的地票二级市场证券化交易流程,主要包括地票权利质押、建立地票证券化的载体、完善地票证券化交易结构以及销售地票权利质押证券等几个步骤。[①]

最后,建立地票转让市场的风险防范机制。为避免开放地票交易二级市场后,地票交易市场发生系统性风险,最终危害社会公共利益,应当建立地票转让市场风险防范机制。保持市场适当的投机性是市场活跃的保证,但是市场的发展不应以侵犯社会公共利益为代价。如果不对地票交易二级市场进行一定的限制,市场固有的自发性和盲目性弊端将可能重现,造成地票交易市场秩序的失控。值得注意的是,在防范地票转让市场的系统风险方面,有学者提出应设定地票转让最高价格。[②] 笔者认为,除非有特殊情况,直接限定地票转让最高价格会对地票转让市场带来较大的负面影响,因为控制转让价格是力度最强的干预措施,必须严格限定其使用范围。

---

① 马智利、陈锋、马敏达:“重庆地票二级市场的开放与交易机制研究”,载《西部论坛》2014 年第 3 期。

② 有学者认为,为防止地票交易二级市场价格炒作,应设定每年的地票交易价格最高限值,将之可确定为上一年交易均价的 2 倍。参见覃琳、胡渝清、叶涛:“浅谈地票交易二级市场构建问题”,载《江西农业学报》2014 年第 11 期。

在通常情况下,采用设定地票持有最高年限等间接调控手段防止地票囤积、炒作更加符合市场化特征。当然,由于地票能否成功落地不仅取决于地票权利人,还取决于政府的用地规划和办事效率,因此,地票最高持有期不宜规定得过短,建议设定5年为宜。

第四章　地票权利质押法律制度

一、地票权利质押的含义、程序与现行规定

（一）地票权利质押的含义与程序

地票权利质押是指为了担保债务的履行，债务人或者第三人将其享有处分权的地票通过法定的程序转移给债权人占有。地票权利质押的法律效力是可以产生质权，即当债务人不履行到期债务或者发生当事人约定的实现质权的情形，债权人有权就该地票权利优先受偿。地票权利质押的程序主要包括签订地票权利质押合同、设定地票权利质权和实现地票权利质权三个环节。

（二）地票权利质押法律制度的内容

我国现行法律制度并没有对地票权利质押问题进行规定。目前规范质押行为的法律依据主要包括《物权法》、《公司法》、《担保法》以及最高人

民法院颁布的《担保法司法解释》等。根据规定,可以设定质押的对象包括动产和财产权利两类。由于地票在性质上属于财产权利凭证,因此,现有的关于权利质押的相关规定对于规范地票权利质押行为、构建地票权利质押法律制度具有一定的参考价值。其基本内容有:首先,关于出质的权利的范围。主要包括汇票、支票、本票、债券、存款单、仓单、提单,可以出售的基金份额、股权、知识产权中的财产性权利,应收账款以及法律、行政法规规定可以出质的其他财产权利。可见,根据物权法定原则,地票权利如果要成为质押对象,必须经过法律或者行政法规的明确认可。其次,关于权利质押合同的成立和生效要件。在权利质押合同成立方面,根据《物权法》、《担保法》的规定,设立质权的当事人应签订书面的质押合同。质押合同的一般条款包括但不限于质押财产的名称、数量、质量、状况等内容。在权利质押合同生效方面,根据不同的权利类型,现行法律规定了不同的质押合同生效条件。以股权出质为例,根据《公司法》、《担保法》及担保法司法解释的相关规定,以有限责任公司的股份出质的,适用《公司法》对股份转让的有关规定,质押合同自股份出质记载于股东名册之日起生效。以上市股份有限公司的股份出质的,质押合同自股份出质向证券登记机构办理出质登记之日起生效;以非上市公司的股份出质的,质押合同自股份出质记载于股东名册之日起生效。再次,关于权利质押合同当事人的权利义务。法律规定了出质人和质权人的权利义务,具体包括质押权利的孳息收取权、出质财产的转让权、出质财产的转质权、质权保全权、不得擅自使用和处分质押财产的义务、妥善保管质押财产的义务等内容。最后,关于权利质权的实现条件和实现方式。根据《物权法》第219条的规定,债务人履行债务或者出质人提前清偿所担保的债权的,质权人应当返还质押财产。债务人不履行到期债务或者发生当事人约定的实现质权的情形,质权人可以与出质人协议以质押财产折价,也可以就拍卖、变卖质押财产所得的价款优先受偿。

二、构建地票权利质押法律制度的意义

(一)消除地票权利质押的法律风险

地票权利质押的直接意义在于提升地票的流动性、拓宽地票交易二级市场,以此增大地票的经济价值,在源头上增强地票对开发商等市场主体的吸引力,最终提高农民地票收益。值得注意的是,尽管在法律层面,地票权利质押尚未得到认可,但是在实践中已经开始运行。2010 年 7 月,重庆岭尚农业有限公司在全国首创地票权利质押贷款先例,以价值 4270 万元的地票为质押物,向中信银行申请到了 3000 万元贷款。① 截至 2014 年 12 月,重庆市共办理地票权利质押累计 6677 亩、贷款 9.85 亿元。② 这一运用地票进行质押的个例彰显了地票的融资价值,并且随着地票市场的发展与地票价格形成机制的逐步规范化,地票权利质押的潜在空间还将得到进一步提升。但不可否认的是,在没有法律认可的前提下进行权利质押存在极大的法律风险。从性质上分析,地票权利质押形成的质权属于担保物权的一种。但包括《物权法》在内的相关法律并没有确立地票权利质权的担保物权属性。《物权法》第 223 条前 6 款列举的可以出质的财产权利的范围中并不包括地票权利,而《物权法》第 223 条第 7 款"法律、行政法规规定可以出质的其他财产权利"亦因缺乏其他"法律、行政法规规定"而难以成为地票权利质押的合法性依据。根据物权法定原则,在我国现行法律制度框架内,地票权利质押并不具有合法性,实践中运行的地票权利质押业务亦不能得到法律的有效保护,甚至地票权利质押合同因违反我国现行法律制度的内容而可能被认定为无效合同。因此,通过构建地票权利质押法律

---

① "首单地票抵押渝诞生 4270 万元的地票贷到 3000 万",载 http://www.xinhuanet.com/chinanews/2010-08/04/content_20522980.htm,访问时间 2015 年 2 月 2 日。

② 数据来源是 2015 年 1 月在重庆农村土地交易所调研取得的资料。

制度，将地票权利规定为可以出质的对象，可为地票权利质押提供明确的法律依据，消除地票权利质押的法律风险。

（二）规范地票市场的运行秩序

地票权利质押法律制度的缺位将对地票市场运行秩序的稳定带来较大威胁。地票权利涉及农民、农村集体经济组织、开发商等多个市场主体。而权利质权除了可以由主合同债务人在其有处分权的财产上设定之外，也可以由第三人在其有处分权的财产上设定。对于后种情况，权利质权会涉及出质人、主合同债务人、质权人（主合同债权人）三方主体。同时，根据现行规定，在经过权利质押出质人和质权人双方当事人同意之后，可以对质押权利进行转让；此外，经出质人同意，质权人还可以对质押权利进行转质，即对质押权利再次设定质押，在此种情况下，权利质押又会增加转质押权利人等主体。因此，地票权利质押在权利转让或转质的情况下，会涉及多方利益博弈主体。由于各方主体可能存在较大利益分歧，加上市场中信息不对称现象的存在，各方主体在地票市场中很可能出现恶性竞争的局面，破坏地票市场运行秩序。因此，构建地票权利质押法律制度实属必要。通过设立地票权利质押法律制度，平衡担保的经济功能和社会功能，规定利益博弈各方的权利义务，定分止争，可以为地票权利质押关系中的出质人、质权人、转质权权利人以及地票权利其他主体行为提供行动指引和评价准则，为各方实现合作博弈奠定基础，推动地票市场健康有序运行。

三、地票权利质押法律制度的构建

（一）构建地票权利质押法律制度的基本原则

地票权利质押是实践中市场主体自主创新的产物。面对新兴的地票权利质押市场，我国相关法律制度供给严重滞后。为此，在构建地票权利质押法律制度时，应确立地票权利质押法律制度的基本原则，这是构建地票权利质押法律制度的基础。考虑到地票制度本身运行时间较短，尤其是在地票权利质押方面经验不足，尚处探索阶段，因此，构建地票权利质押法律制度应首先强调市场安全原则，避免地票权利质押风险，维持地票市场秩序的稳定。地票权利质押制度牵涉多元的利益主体，而且其背后运作又直接涉及土地问题，关乎基本民生，有必要通过立法处理好市场安全与市场效率的关系。其次，从节约立法成本和保持法律统一性的角度出发，地票权利质押应尽可能在我国现行法律制度框架之内进行构建，以便于协调地票权利质押法律制度与我国《物权法》、《担保法》等法律制度之间的关系。具体而言就是要求以《物权法》和《担保法》为基点，拓展上述法律中关于可以出质的权利范围的规定，在此基础上，通过专门立法对地票权利质押问题进行制度创新。

（二）地票权利质权的法律性质

地票权利质权的法律性质涉及地票权利质权在法律中的定性问题。由于地票在性质上是一种土地权利凭证，地票权利本身是一种财产性权利，因此，地票权利质权应属于一般权利质权中的一种特定类型。现行法律并没有将地票权利纳入到可以设定质权的范围之内，因此，为了促进地票权利质押更好地发挥其积极作用，应对相关规定进行完善。完善的路径有两种：一是在《物权法》第 223 条中增设一款规定，将地票权利规定为可以设定质权的财产性权利范围之内；二是通过制定新的法律或者颁布新的行政法规将地票权利质押确立为权利质押的一种。根据《物权法》第 223 条第 7 款的规定，除了本条前 6 款列举的财产性权利可以设定质权外，法律、行政法规规定可以出质的其他财产权利也可以设立质权。因此，通过颁布或修改其他法律、行政法规，将地票权利规定为可以设立质权的范围，也可以确定地票权利质权作为担保物权的法律性质。比较以上两种完善路径,第二种更具可行性。《物权法》的颁布历经多年的讨论,已基本定型,通过修改《物权法》增设地票权利质押制度的难度较大。而地票制度产生时间较短,相关制度需要完善之处较多,更为重要的是与其他土地流转等制度相比具有较大创新性,因而有必要对其进行专门立法。基于此,可以在未来制定的地票专门法律制度中,专章规定地票权利质押,确定地票权利质权的法律性质。

(三)地票权利质权的设立条件

地票权利质权的设立条件应参照我国现行关于权利质权设立条件的规定,并结合地票权利自身的特点。具体而言,主要包括以下几个方面。首先,以地票权利出质的,当事人应订立书面合同,质权自出质登记时设立。书面的地票权利出质合同是当事人之间自愿建立地票权利质押关系的证明,也应成为质权登记机构审查的重点对象。在地票权利出质时签订的书面合同包括但不限于以下内容:被担保债权的种类和数额,债务人履行债务的期限,质押地票的名称、数量、状况,担保的范围,质押地票出质登记的时间等。根据效力种类的不同,质权的设立可以分为交付要件主义和登记要件主义。基于交付要件主义,地票只要交付即发生质权设立的法律效果,地票权利质权不进行登记,不得对抗善意第三人;基于登记要件主义,地票权利质权的设立必须经法定的登记机关进行出质登记,仅有地票交付的行为不能认定为地票权利质权已经设定。实行地票权利质押交付要件主义具有交易便捷的特点,更加符合市场效率的要求,但具有一定的安全隐患;实行地票权利质押登记要件主义则在保障市场安全方面作用更为突出,虽然在地票权利质权设立时增设了登记环节,在一定程度上增大了交易成本,但是质押登记有利于强化对地票权利质押过程的监管,在一定程度上保障市场安全,符合构建地票权利质押法律制度的市场安全原则。其次,确保质押权利的有效性。设立质押的地票权利必须为质押人合法享有的可处分的财产性权利，这就意味着地票必须为质押人合法取得的可处分财产。为了确保质押权利的有效性，当事人向登记机构申请地票权利质押登记时，质押人必须出示其合法取得地票的证明，包括质押人个人或公司身份证明、地票权利凭证、登记机关的登记证明等材料。最后，明确地票权利出质价值的确定方法。地票权利质押是出质人与质权人合意，将地票权利设定为主合同债权实现的担保，在本质上应属于出质人与质权人之间的市场行为。因此，在地票权利价值的确定上应充分体现出质人与质权人双方的意愿，允许出质人与质权人协商确定地票权利的价值。当然，在出质人与质权人就地票权利价值认定方面出现争议时，也可交由第三方评估机构确定。

（四）地票权利的合并与分割质押

不同于作为标准化权利凭证的股票等有价证券，不同编号的地票可能代表不同价值的权利。为了方便地票权利人进行地票权利质押，充分尊重地票权利人的地票处分权，应当允许地票权利合并和分割质押，由出质人根据市场行情自主决定其合法持有的地票的使用方式。具体而言，应在立法中规定出质人可以将不同编号的地票合并质押，也可以将同一编号的地票分割质押。同时，为了实现地票权利合并与分割质押的顺利进行，还必须建立具体的质押规则。例如，在地票权利分割质押中，为了确保分割后的地票权利可以顺利出售，分割质押不得违反最小交易单元规定。根据我国现行规定，当主合同债务人不履行到期债务或者发生当事人约定的实现质权的情形，质权人可以与出质人协议以质押财产折价，也可以就拍卖、变卖质押财产所得的价款优先受偿。无论采用哪种地票权利质权实现方式，均涉及处理质押财产，即地票权利的问题。如果被分割质押的地票面值过小，低于最小交易单元，地票无法通过土交所进行交易，就会阻碍地票权利变现。而一旦质押财产变现存在障碍，将不利于对主合同债权的保护，反过来又会影响质押财产的质押价值。又如，为了确保地票权利分割质押的市场安全，应在坚持确保市场安全的原则下，规定分割质押的地票权利应当完成变更登记，不作变更登记，不产生地票权利分割质押的法律效力。这是因为地票权利分割质押的运行原理是将同一编号的地票进行权利分割，转化为多张可以分别质押的权利凭证。相比于同一编号地票权利的统一质押，转化后的多张地票分别设定权利质押，在原同一编号的地票上增设了多方权利主体，因此，要求地票权利分割质押变更登记既可以起到确权的作用，又可以实现对多方主体的法律监管。

（五）地票权利质押法律关系的内容

地票权利质押法律关系的内容是指地票权利质押法律关系主体的权利和义务，是构建地票权利质押法律制度的核心内容。现行《物权法》等法律制度安排主要以构建质权人的权利义务为主，为了尽可能使地票权利质押立法与现行法律体系相一致，在构建地票权利质押法律关系的内容时，主要应从质权人权利和质权人义务两个角度出发。在质权人权利方面，《物权法》赋予了质权人保全权和质押财产处分权两项权利。参照相关规定，也应赋予地票权利质押的质权人保全权和地票权利处分权。地票权利质押中的保全权是指因不能归责于质权人的事由可能使地票权利价值明显减少，足以危害质权人权利的，质权人有权要求出质人提供相应的担保；出质人不提供的，质权人可以到土交所申请出售地票，并与出质人通过协议将出售地票所得的价款提前清偿债务或者提存。这里需要说明的是，必须严格限定质权保全权的适用范围，将“不能归责于质权人的事由”限定为不可抗力。对于房地产市场持续萎靡等原因造成的地票权利价值减少则不能成为质权人行使质权保全权的事由。此原因造成的地票权利价值减少属于可以合理预见的市场波动情形，法律必须尊重市场价值规律，确保市场在资源配置中起决定性作用。地票权利质押中的处分权是指赋予质权人转让地票权和地票权利转质权。关于质权人转让地票权的问题,可以参照现行规定,将质权人与出质人协商同意规定为质权人行使转让地票权的前提条件。在规定地票权利转质权方面,我国《担保法司法解释》第94条规定,在动产质押中,质权人在质权存续期间,未经出质人同意,为担保自己的债务,在其所占有的质物上为第三人设定质权的无效。此条司法解释的制定目的在于充分尊重质押合同当事人的意思自治,保障交易安全,防止占有质押物的质权人擅自在质押物上再次设定质押权,违背出质人意愿而引发纠纷。在制定地票权利转质权法律规则时,也应予以借鉴。在质权人义务方面,《物权法》规定,质权人在质权存续期间,未经出质人同意,擅自使用、处分质押财产,给出质人造成损害的,应当承担赔偿责任。参照相关规定,在构建地票权利质押法律制度时,应明确未经出质人同意,质权人不得擅自使用、处分地票权利,给出质人造成损害的,应当承担赔偿责任。值得注意的是,《物权法》还规定,质权人负有妥善保管质押财产的义务;因保管不善致使质押财产毁损、灭失的,应当承担赔偿责任。质权人的行为可能使质押财产毁损、灭失的,出质人可以要求质权人将质押财产提存,或者要求提前清偿债务并返还质押财产。此规定对于构建地票权利质押法律制度而言并不适用。由于地票在性质上属于权利凭证,其自身并没有价值,地票转移占有后,地票毁损、灭失不会给出质人带来直接经济损失,只需到地票发放机构进行补办即可。因此,质权人的行为导致地票毁损或者灭失只需依法规定行为人配合出质人补办地票即可。

(六)质押地票的使用限定

在地票权利质押中,质押的客体是地票权利,若不通过法律制度对质押地票的使用进行限定,很可能造成地票权利质押制度与地票其他相关制度之间的冲突,最明显地体现为地票权利质押制度与持票准入制度的冲突。持票准入制度是立法强制性规定要求通过招标、拍卖、挂牌等方式获得城市建设用地使用权的主体必须持有相同面积的地票。该制度的目的在于增大市场主体购买地票的积极性。但是,地票权利质押制度的设立目的在于通过在地票权利之上设定质押权,确保主合同债权的实现。因此,当出现债务人不履行到期债务或者发生当事人约定的实现质权情形时,要对设定质权的地票权利进行处分,直至地票权利质押法律关系的消灭。显然,地票权利质权人并不是通过地票权利的实现而保障自身债权的,如果允许设定质押的地票持有者凭票参与城市建设用地使用权招标、拍卖、挂牌,则会发生地票权利本身的实现与地票权利质押权利实现之间的冲突,并对持票准入制度的实际执行带来不确定性风险。因此,建议在立法中明确,设有质押的地票不得被用于参与城市建设用地使用权的招标、拍卖、挂牌出让。

(七)地票权利质权的实现

《物权法》、《担保法》规定了质权实现的条件和方式,如根据《物权法》第219条的规定,债务人不履行到期债务或者发生当事人约定的实现质权的情形,质权人可以与出质人协议以质押财产折价,也可以就拍卖、变卖质押财产所得的价款优先受偿。质押财产折价或者变卖的,应当参照市场价格。在构建地票权利质押法律制度时,也可参照上述规定,明确地票权利质权的实现条件,即债权人不履行到期债务或者发生当事人约定的实现地票权利质权的情形。但不同于动产和其他财产权利质押,地票权利质押的客体为地票权利。针对地票权利质权的实现问题,可以根据前述地票出让法律制度的构建思路,即地票出让必须在土交所集中进行,规定当出现地票权利质权实现条件时,不可由质权人与出质人以协议的形式对地票权利进行折价或者拍卖、变卖地票。如此,可以确保地票权利质押市场得到政府有效监管。在地票权利质权实现方式方面,当出现地票权利质权实现条件时,质权人可以向土交所申请出售地票,质权人可以就质押地票出售所得价款优先受偿。

第五章　地票收益分配法律制度

一、地票收益分配法律制度概述

（一）地票收益分配的含义与程序

地票收益分配是指地票在重庆农村土地交易所或场外交易后，所得价款分给相应权利人的过程。直接关涉地票收益分配的行为主要包括地票出让收益分配和地票转让收益分配。场外进行的地票转让行为，属于当事人私下自主进行的地票交易，双方结算价款后，除了需要缴纳相关税款外，剩余价款的分配由双方当事人自主决定。场内进行的地票转让行为，在双方结算价款后，在缴纳相关税款之前，还应向土交所支付相应的服务费。由于目前地票市场整体处于发展初期，因此，现行规则仅仅对地票出让收益分配进行了规定。依照现行规则，地票出让收益分配的程序主要包括地票出让价款核算和地票出让价款划拨两个环节。地票出让价款核算是地票收益分配的重要环节，其目的在于确定地票出让价款划拨的数额，确保地票出让价款全额拨付给相关权利人。地票出让价款核算环节具体包括土交所核算欲划拨的地票出让价款、报签、直拨价款公示及区县反馈意见三个步骤。地票出让价款划拨是指核算后确定的地票出让价款由土交所通过受托银行直接拨付到地票相关权利人账户。地票出让价款划拨环节主要包括信息审核、银行开具存单,土交所向受托银行拨款,受托银行向区县支行划款,区县支行向分理处划款,分理处将地票价款注入存单和账户,银行分理处现场公告六个步骤。地票出让收益分配流程图如图1所示。

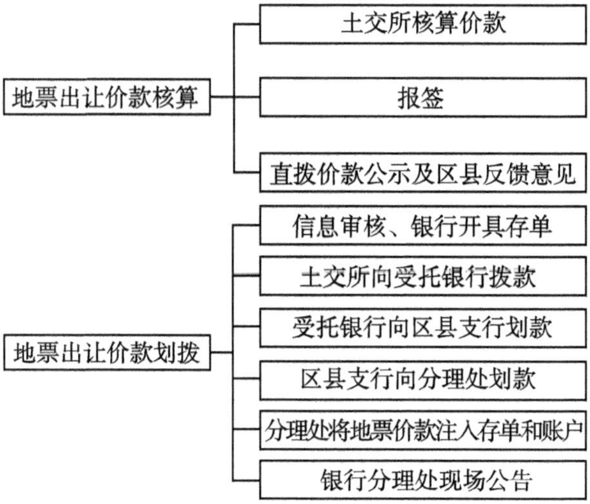

图1　地票出让收益分配流程

(二)地票收益分配法律制度的现状

目前规范地票收益分配行为的制度主要包括重庆市政府2008年颁布的《重庆农村土地交易所管理暂行办法》、重庆市国土房屋管理局2011年印发的《关于调整地票价款分配及拨付标准的通知》、2013年印发的《优化农村建设用地复垦及地票交易流程方案的通知》以及重庆市政府办公厅

2012 年发布的《关于农民工户籍制度改革宅基地及附属设施用地处置利用等有关政策问题的通知》等。以上政府规章及其他规范性文件构成了地票收益分配的主要依据。

1. 确定了农村建设用地复垦项目成本。农村建设用地复垦项目成本是地票价款分配的重要对象之一，其大小直接决定地票价款溢价的规模。在确定农村建设用地复垦项目成本时，采用了政府定价的形式。根据《关于调整地票价款分配及拨付标准的通知》的规定，农村建设用地复垦项目成本主要包括复垦项目工程成本、复垦项目管理成本和复垦项目融资成本。第一，复垦项目工程成本拨付标准为 1.5 万元/亩，其中工程施工费按 1.2 万元/亩拨付，前期工作费、竣工验收费、工程监理费、安全配套费按 0.3 万元/亩拨付。工程成本拨付给区县包干使用，实际工程成本低于 1.5 万元/亩的节余部分可转入项目管理成本。第二，复垦项目管理成本拨付标准为 1.2 万元/亩，其中市农村土地整治中心项目管理成本按 0.1 万元/亩拨付，区县、乡镇及村社项目管理成本按 1 万元/亩拨付。第三，复垦项目融资成本拨付标准为 1.1 万元/亩。融资成本拨付给区县包干使用，实际融资成本低于 1.1 万元/亩的节余部分可转入项目管理成本。

2. 制定了地票价款溢价分配规则。《关于调整地票价款分配及拨付标准的通知》在落实地票价款溢价分配政策方面，制定了相应规则。第一，复垦农村宅基地及其附属设施用地的，农户与农村集体经济组织应得价款按 85∶15 比例分配。农户所得价款分配标准（最低保护价）提高至 12 万元/亩、农村集体经济组织所得价款分配标准提高至 2.1 万元/亩。第二，复垦农村公共设施、公益事业用地及无具体农村建设用地使用权人用地的，地票平均价款扣除复垦成本后，剩余价款全部归农村集体经济组织所有，按照 14.1 万元/亩直拨至农村集体经济组织。第三，复垦乡镇企业用地的，地票平均价款扣除复垦项目成本和给农村建设用地使用权人应得价款后，剩余价款全部归所在的农村集体经济组织所有，农村集体经济组织所得价款不低于2.1万元/亩。按14.1万元/亩直拨至有关乡镇企业用地使用权人和农村集体经济组织。

3.限定了农村集体经济组织所得地票交易款的用途。根据《关于调整地票价款分配及拨付标准的通知》的规定,农村集体经济组织所得价款主要应当用于农村土地整治、农村土地整治项目后期管护利用、农民集中居住区基础设施配套建设等新农村建设。

4.规定了地票出让收益分配程序和所需时间。《优化农村建设用地复垦及地票交易流程方案的通知》提出了优化农村建设用地复垦及地票交易流程方案,规定了地票出让收益分配程序。如前所述,地票出让收益分配主要包括地票出让价款核算和地票出让价款划拨两个环节。《优化农村建设用地复垦及地票交易流程方案的通知》规定了每个环节中具体步骤的完成时间:地票出让价款核算时间为15日,其中土交所核算直拨价款步骤需要3天(与结算成交价及核发成交通知书同步),报签步骤需要2天,直拨价款公示及区县反馈意见需要6天。地票出让价款划拨时间为7天,其中信息审核、银行开具存单应与价款核算同步,土交所向受托银行拨款需要1天,受托银行向区县支行划款需要1天,区县支行向分理处划款需要2天,分理处将地票价款注入存单需要2天,账户和银行分理处现场公告需要1天。同时,为了及时给予退出宅基地以及附属设施用地的转户居民基本生活保障,《关于农民工户籍制度改革宅基地及附属设施用地处置利用等有关政策问题的通知》中规定了提前支付首期价款制度。根据该政策的规定,转户居民提出退地申请后,区县政府应组织乡镇政府、土地行政主管部门在3个月内完成审核工作,报区县政府审批。区县政府审批期限为5个工作日,并由区县土地整治机构将相关材料报市土地整治中心审核。在提交所需材料并实际交付宅基地及附属设施用地后3个工作日内,区县人民政府将价款拨付给农户,并统一按9.6万元/亩的标准支付首期价款。待地票出让后,按有关规定结清余款。

(三)构建地票收益分配法律制度的意义

1. 保障地票收益分配中农民的根本利益

在地票交易过程中,与农民切身利益关系最密切的就是地票收益分配问题。地票收益分配法律制度缺位,农民在地票交易中的合法权益很难得到保障。在实践中,地票价款如何分配、何时分配等问题的主导权均在地方政府及其相关部门。农民在地票收益分配过程中基本没有话语权,这也是在若干地区参与地票转让的农民不能及时、全额获得地票收益的重要原因。地票出让价款层层下拨,也为相关主体挪用、克扣、侵占地票出让价款提供了可能。通过构建地票收益分配法律制度,正视农民在地票收益分配中的弱势地位,赋予其公平分享地票收益的权利,有利于保障地票收益分配中农民的根本利益。

2. 提高地票收益分配效率

地票收益分配涉及农民、农村集体经济组织、土交所、国土资源部门、土地整治中心、银行、开发商等多方主体。在具体分配过程中,又涉及土交所核算、直拨价款、报签、直拨价款公示等多个环节和步骤。通过构建地票收益分配法律制度,确定地票收益分配的程序和各环节的时限,确保地票收益分配价款可以依照规定及时拨付到相关权利主体的银行账户,为各方主体参与地票收益分配提供明确的流程,提高地票收益分配效率。

3. 为地票收益分配监管主体提供监管依据

为了保障地票收益分配的顺利进行,确保地票交易市场秩序稳定,应当确立和规范政府干预地票收益分配活动的基本权限。建立地票收益分配法律制度的重要目的之一就在于明晰政府的此项干预职权和职责。一方面,为其干预行动提供规范依据,克服地票收益分配的市场失灵现象;另一方面,确保政府对地票收益分配的干预控制在法律规定的权限范围之内,克服地票收益分配的政府失灵现象。

二、地票收益分配法律制度存在的问题

(一)地票转让收益分配法律制度缺位

目前,包括《重庆农村土地交易所管理暂行办法》、《关于调整地票价款分配及拨付标准的通知》和《优化农村建设用地复垦及地票交易流程方案的通知》等在内的规范地票收益分配问题的制度,仅仅针对地票出让价款的分配问题作出了详细的规定,无论在实体层面,还是在程序层面,地票转让价款的分配问题均处于法律真空地带。尽管由于地票交易二级市场处于封闭状态,涉及地票转让收益的分配规则尚未建立,“但是地票转让供给方和需求方的现实需求已经催生了地票的私下转让行为。目前的转让方式主要包括临时拆借、协议转让”。[①] 地票转让收益分配法律制度的缺位,不仅会对地票转让收益分配行为带来法律风险,增大地票转让收益的不确定性,阻碍地票转让价款公平分享目标的实现,而且,随着地票市场化运行程度的不断加深,开放地票交易二级市场的步伐逐步加快,地票收益分配环节的制度缺失还会引发整个地票交易二级市场的连锁反应,影响地票转让市场秩序的稳定。构建地票出让收益分配法律制度的主要目的在于保障市场竞争中处于劣势地位的农民的合法权益,而构建地票转让收益分配法律制度的目的是更加注重维护地票收益分配市场秩序。因此,现行的地票出让收益分配法律制度对于规范地票转让收益分配行为并不完全具有适用性。例如,现行规定从增大农民收益角度出发,在地票出让环节并没有对其收益征收所得税。但开发商之间的地票转让收益免征所得税则不再具有合理性,在构建地票转让法律制度时,应正视地票出让与转让收益分配行为的异同,制定具有针对性的法律制度,分别规范两种地票

① 孙芬等:“关于开放地票交易二级市场的思考”,载《江西农业学报》2013年第3期。

收益分配行为。

(二)地票出让价款的分配主体规定不合理

根据《关于调整地票价款分配及拨付标准的通知》的规定,复垦农村宅基地及其附属设施用地的,农户与农村集体经济组织应得价款按85∶15比例分配。上述规定将农村集体经济组织作为分享复垦农村宅基地及其附属设施用地收益的主体看待,此项规定并不具有合理性。宅基地及其附属设施用地使用权是农民合法获得的财产性权利。农民自愿放弃其合法拥有的建设用地使用权,创造的新增建设用地指标的转让收益应当给予农民。宅基地及其附属设施用地复垦转化为耕地后,农村集体经济组织依然是此地块的所有权人,农村集体经济组织作为农村建设用地的产权人身份并没有任何改变,变化的仅是农村土地的用途。对于农村集体经济组织而言,宅基地及其附属设施用地复垦并没有降低其收益,相反,宅基地及其附属设施用地转变成耕地后,农村集体经济组织可以将耕地发包,相比于宅基地及其附属设施用地的无偿使用而言,设立土地承包经营权的耕地可以给农村集体经济组织带来额外收益。因此,将集体经济组织确定为参与复垦宅基地及其附属设施用地收益分配的主体缺乏合理性基础。

(三)地票收益分配中的政府定价制度有待完善

在地票收益分配中,因土地复垦费、土交所交易服务费属于重要的公益性服务价格,应执行政府定价制度。但无论是在程序层面,还是在实体内容层面,地票收益分配中的政府定价制度均有待完善。在程序层面,根据《价格法》第23条的规定,制定关系群众切身利益的公益性服务价格等政府定价,应当建立听证会制度,由政府价格主管部门主持,征求有关方面的意见,论证其必要性、可行性。然而,《关于调整地票价款分配及拨付标准的通知》制定时并没有依照上述规定组织价格听证,征求利益相关方意见。在实体内容层面，根据《价格法》第19条的规定，政府定价权限和具体适用范围应以中央和地方的定价目录为依据。地票收益分配的政府定价目录主要为重庆市政府2010年发布的《关于重庆市涉及企业的行政事业性收费项目目录和执行政府定价或政府指导价的涉及企业的经营服务性收费项目目录的通告》，根据该通告的规定，土地复垦费的标准应遵照市物价局、市财政局2001年发布的《关于重新核定重庆市国土资源和房屋管理系统土地、矿产行政事业性收费标准的通知》（渝价〔2001〕346号）的规定执行，即土地复垦占用非基本农田的复垦费用最高为15元/平方米（约为1万元/亩）。而根据《关于调整地票价款分配及拨付标准的通知》的规定，农村建设用地复垦项目成本包括复垦项目工程成本、复垦项目管理成本和复垦项目融资成本，总额为3.7万元/亩，远超过渝价〔2001〕346号规定的最高标准。同时，作为重要的公益性服务价格——土交所交易服务费并没有纳入重庆市政府定价目录，而是根据《重庆农村土地交易所管理暂行办法》第31条规定，土交所按照地票交易额1%的比例收取交易服务费。即使在地票制度推行初期，地票一年的交易额也超过10亿元。按照现行规定，仅提供地票交易服务的土交所即可从中分配到几千万元的交易服务费。这种地票收益分配格局不具合理性。

（四）地票收益分配的法律责任规则缺位

《重庆农村土地交易所管理暂行办法》、《关于调整地票价款分配及拨付标准的通知》和《优化农村建设用地复垦及地票交易流程方案的通知》等规范均没有对与地票收益分配直接相关的主体的法律责任进行规定。例如，为了确保地票转让价款核算和划拨环节的顺利进行，《优化农村建设用地复垦及地票交易流程方案的通知》规定，土交所作为向受托银行支行拨款的责任主体，银行作为信息审核、现场公告的责任主体。各责任主体应“合理分工、明晰权责，避免层层审查、责任不清”，同时要厘清市、区县、乡镇、村社、中介等相关机构及责任人员的权责。整体而言，上述规定仅明确了各个环节的责任主体和负责事项，但是对土交所、银行等承担的具体法律责任均未提及。该通知在保障措施部分，提出建立奖惩机制，但亦是原则性规定了委托单位对被委托单位或个人应明确监管办法和奖惩措施，组织复垦或地票交易的单位可对具体实施单位的工作进行评定、制定奖惩措施。此规定将制定奖惩措施的权限赋予委托单位和组织单位，并未规定奖惩措施的具体内容。由上观之，现有制度缺乏对相关主体违反法定义务和职责的法律责任规定，难以确保地票收益分配规则的贯彻落实。

（五）地票收益分配法律纠纷解决机制存在缺陷

《重庆农村土地交易所管理暂行办法》第 32 条规定："农村土地交易发生的纠纷，可向国土资源、农业、林业等有关行政部门申请调解仲裁。不能调解仲裁的，通过法律途径解决。"此规定过于原则，并没有针对地票的特点为其设计救济机制。在地票交易纠纷中，地票收益分配环节直接关乎农民经济利益，农民在此环节中直接可以获得实际地票交易价款，因此，在地票收益分配过程中出现的纠纷成为农民最为关心的问题。在以往的地票交易中，农民对于宅基地复垦后的补偿抱怨颇多。① 在调研中，亦发现农民对与地票交易价款有关的问题意见较大，但缺乏相应的纠纷解决机制。② "无救济即无权利"，法律救济机制的缺位直接妨碍相关主体合法权利的实现。地票收益分配涉及确定地票交易价款的分配主体、农村建设用地复垦项目成本、地票价款溢价分配规则、农村集体经济组织所得地票转让价款的用途、地票收益分配程序和所需时间等诸多问题，在以上所列的

---

① "重庆地票调查：失地农民收益有限——宅基地补贴不到位、二级市场售卖不公平"，载《中国经营报》2011 年 7 月 15 日第 A15 版。

② 冯桂："重庆地票制度的价值及其对城乡一体化改革的启示"，载《国家行政学院学报》2014 年第 1 期。

各个事项中均可能产生法律纠纷。而且,以上事项引发的法律纠纷又可能涉及多重法律关系。以复垦宅基地及其附属设施用地进行地票交易为例,如果当事人对地票出让价款的数额产生争议,则需要审查复垦宅基地使用权人与土地整治机构之间的委托代理法律关系、复垦宅基地使用权人与土交所之间的委托代理法律关系、地票竞得人与土交所之间得委托代理法律关系、土交所与银行之间的委托代理法律关系等。同时,根据《关于农民工户籍制度改革宅基地及附属设施用地处置利用等有关政策问题的通知》的规定,对申请退出的宅基地和附属设施用地符合复垦条件并移交土地整治机构的,由区县政府统一按 9.6 万元/亩的标准支付首期价款。因此,又可能涉及宅基地使用权人与区县政府之间的行政法律关系。可见,地票收益分配法律纠纷十分复杂,加上目前地票收益分配法律制度位阶较低,无法成为司法裁判的依据,地票收益分配问题引发的法律纠纷在现行法律框架下很难得到有效解决。

三、地票收益分配法律制度完善

(一)建立地票二级市场收益分配法律制度

1. 确定参与地票转让收益分配的主体。地票转让在性质上属于纯市场行为。从农民或农村集体经济组织购得地票的市场主体,无论是出于改变购地计划,还是出于套利的目的转让地票,法律制度应充分尊重市场主体的意愿。选择场外转让地票的,扣除相关税款后,将地票转让的收益全额拨付给转让方。选择场内转让地票的,还应扣除土交所交易服务费。

2. 建立地票转让税收与支出法律制度。在地票转让税收制度方面,应当体现与地票出让税收制度的区别。现行法规对于地票出让收益并没有规定征收所得税,主要是考虑到作为受益方的农民在地票市场中处于劣势的地位,因而鼓励农民参与土地复垦,保障其公平分享土地增值利益。但是，地票转让的获利者为市场主体，其转让目的是实现利益最大化，对其进行免税不再具有合理性。基于此，应视获利主体为个人或企业的情况，分别根据《个人所得税法》和《企业所得税法》，征收个人所得税和企业所得税。在地票转让税收收入支出方面，应当建立专款专用制度，运用地票转让税收收入向移出地票的重点地区提供财政补偿，以完善当地农村的基础设施建设与公共服务供给。目前经济相对发达的“一小时经济圈”吸引了98％以上的地票，而地势偏远、土地增值空间有限的“两翼地区”则基本成为地票的生产区域。“对于边远地区，在分配国家计划指标时就处于弱势地位，而通过地票制度形成的建设用地指标落地点又主要集中在主城发达区域，这样会加剧区域发展差异，影响区域平衡协调发展。”①即使地票供给地区在短期内能够得到财产性收入，但今后进行产业升级和工业化建设的建设用地指标仍然受限。② 因此，如果对于地票的流动方向完全不加限制，或者不给予地票生产区合理的补偿，为其提供未来发展的必要空间，那么这样的制度运行结果将缺乏其正当性基础，同时也背离国家农村土地政策的基本取向。

（二）调整地票出让收益分配主体

建议在实体法规层面，对《关于调整地票价款分配及拨付标准的通知》落实地票价款溢价分配政策的相关规定进行修改，规定复垦农村宅基地及其附属设施用地的，所得价款应全部分配给农户。同时，农户所得价款最低保护价应做相应提升。根据《关于调整地票价款分配及拨付标准的通知》的规定，复垦农村宅基地及其附属设施用地的，农村集体

---

① 黄美均、诸培新：“完善重庆地票制度的思考——基于地票性质及功能的视角”，载《中国土地科学》2013 年第 6 期。

② 陈春、冯长春、孙阳：“城乡建设用地置换运行机理研究”，载《农村经济》2013 年第 7 期。

经济组织所得价款最低为2.1万元/亩。建议将计划支付给农村集体经济组织的最低保护价款部分支付给农户。由于原计划支付给农村集体经济组织的最低保护价款包含用于农村土地整治、农村土地整治项目后期管护利用、农民集中居住区基础设施配套建设等新农村建设所需的部分价款,因此,将农户所得价款最低保护价规定在12万元/亩~14.1万元/亩为宜。并且,随着地票市场行情,再做相应的调整。具体分配方案如表1所示。

表1 复垦农村宅基地及其附属设施用地的地票出让收益分配方案

<table>
<tr><th colspan="3">地票收益分配价款类别</th></tr>
<tr><td rowspan="8">农村建设用地复垦项目费用</td><td rowspan="5">复垦项目工程费用</td><td>工程施工费</td></tr>
<tr><td>前期工作费</td></tr>
<tr><td>竣工验收费</td></tr>
<tr><td>工程监理费</td></tr>
<tr><td>安全配套费</td></tr>
<tr><td rowspan="2">复垦项目管理费用</td><td>市农村土地整治中心项目管理费用</td></tr>
<tr><td>区县、乡镇及村社项目管理费用</td></tr>
<tr><td colspan="2">复垦项目融资费用</td></tr>
<tr><td colspan="3">重庆农村土交易所交易服务费</td></tr>
<tr><td colspan="3">宅基地及其附属设施用地使用权人所得价款</td></tr>
</table>

(三)完善地票收益分配中的政府定价制度

应遵照《价格法》的相关规定,对地票收益分配中关于土地复垦费、土交所交易服务费的政府定价制度进行完善。在程序层面,应根据《价格法》第23条的规定,在确定土地复垦费、土交所交易服务费时召开价格听证会议。农村建设用地复垦项目费用包括多种,由于每种费用涉及的主体不同,因此,应针对每种费用的收支对象,分别召集各自的利益相关方召开价格听证会议。充分整合各方意见,科学确定土地复垦费和土交所交易服务费价格。在实体内容层面,应对现行政府定价目录进行修改,细化土地复垦费的内容,依据市场原则,针对每项内容确定各自的费用标准,并将土交所等土地流转平台的服务性收费纳入到政府定价目录之中。随着地票市场化进程的加快,还应根据市场行情,对政府定价目录中的土地复垦费和土交所交易服务费标准不断进行调整。由于目前规范土地复垦费标准的规范性文件是市物价局、市财政局2001年发布的《关于重新核定重庆市国土资源和房屋管理系统土地、矿产行政事业性收费标准的通知》,距今已逾14年,其中关于土地复垦费标准的规定已经不能适应地票市场发展的要求,有必要建立动态的政府定价标准,充分发挥经济法规的回应性功能,确保地票收益分配的市场化取向。

(四)健全地票收益分配法律责任规则

地票收益分配法律关系的主体主要包括地票出让方、转让方、地票购买方、中介服务机构和监管机构。其中地票购买方、中介服务机构和监管机构在地票收益分配中作为拨款的主要义务方,因而亦承担主要的法律责任。首先,地票购买方作为地票买卖合同的一方当事人,在地票交易后获得地票权利,是最终付款人。为了督促其履行义务,可以对其获得地票权利的时间进行限定。在地票出让中,规定地票出让价款未足额分配到农户或农村集体经济组织前,市国土部门不得办理地票出让初始登记。在地票转让中,地票转让价款足额分配到地票转让人前,市国土部门不得办理地票权利变更登记。买卖双方另有约定除外。其次,地票收益分配中涉及的中介服务机构主要包括受托银行、复垦实施单位、土交所等主体。其中,对受托银行、土交所设置法律责任规则时,应以中介服务合同为核心,完善中介服务合同的民事责任条款,同时增加合同之外的强制性规定,对于严重违反合同约定的行为,如挪用、侵占、延迟支付地票转让价款,视情节轻重,追究其行政责任和刑事责任。对复垦实施单位设置法律责任规则应以复垦委托协议为基础,建立复垦效果评价机制,细化复垦费用调整标准,对于没有完全达标的复垦实施单位,对其支付的复垦费用应作相应调整。最后,应规定地票收益分配中有关行政监管部门及其工作人员不依法履行职责的法律责任,对违反地票收益分配相关规定的行为不依法查处,对直接负责的主管人员和其他直接负责人员依法给予行政处分。有关行政监督部门的工作人员在监管地票收益分配中徇私舞弊、滥用职权、玩忽职守的,应对其进行处分。涉嫌犯罪的,依法移送司法机关。

(五)构建地票收益分配法律纠纷解决机制

明确地票收益分配法律纠纷解决途径。相比于诉讼解决机制,向仲裁机构申请仲裁更具成本和时间优势。在构建地票收益分配法律纠纷解决机制中应当重点完善仲裁方式。而且,考虑到国土资源等行政主管部门是地票市场的直接监管主体,在解决包括收益分配纠纷在内的地票交易纠纷具有明显的专业性优势。因此,建议在市国土资源行政部门设立地票交易纠纷仲裁机构,并在设立的地票交易纠纷仲裁机构内部配备专门业务人员处理地票收益分配纠纷。当然,也不应忽视诉讼解决机制的建设,特别是在地票收益分配纠纷产生于市场主体与国土资源行政部门等监管主体之间,或仲裁机构不予受理,或当事人不满仲裁机构仲裁判决等情形出现时,也应当赋予利益相关人直接向法院起诉的权利。

针对地票收益分配的特点,制定具有可操作性的裁判依据。一方面,应在完善包括地票收益分配制度在内的重庆市地票交易制度的同时,将相关规定升级为严格意义上的法律制度,使之成为法院可以直接引用的裁判依据。另一方面,应对地票收益分配纠纷进行类型划分,针对每种类型,建立相应的仲裁或诉讼程序法律制度。例如,可以将地票收益分配纠纷划分为地票出让收益分配纠纷和地票转让收益分配纠纷,地票出让收益分配纠纷又可以分为地票出让收益分配民事纠纷、行政纠纷和刑事纠纷，通过仲裁或诉讼解决以上每类问题所产生的纠纷，应分别建立适格当事人制度、诉讼费用制度、简易程序制度、证据规则等针对性纠纷解决方案。通过细化救济规则，确保地票收益分配中相关权利人合法权益的实现。

第六章　地票使用法律制度

一、地票市场供需失衡与"双轨制"背景下地票强制性使用制度的缺失

地票作为一种重庆市独有的建设用地指标形式，其存在的价值就在于利用市场杠杆撬动农村的土地制度改革。地票交易是地票制度的核心环节，保障地票交易的持续、顺畅进行是地票制度本身的必然要求。然而，从目前重庆农村土地交易所的交易状况来看，情况不容乐观。2012 年 10 月前往重庆农村土地交易所的调研情况，重庆农村土地交易所自 2008 年 12 月成立至 2012 年 10 月，共进行交易 25 场，交易的土地面积 8.86 万亩，交易金额达 175 亿元（其中反馈给农民 120 亿余元，集体 20 亿余元），应当说地票交易的成效是比较显著的，既显化了农民资产，也保护了耕地。但是地票交易最为活跃的时期是集中在 2010 ~ 2011 年，即第一批地票生产完成后集中到土交所进行交易，形成了较大的市场交易量。而 2012 年上半

年开始没有进行交易,从“重庆市国土资源和房屋管理局公众信息网”上查询到2012年全年交易集中在10月19日至12月21日,重庆农村土地交易所进行了3场地票交易,也就是说2012年相对于前期的交易规模大幅锐减。2013～2014年,重庆农村土地交易所地票交易总量有所回升,分别组织5场交易,表明地票对市场主体的吸引力有所增强,市场预期趋于稳定。但是市场交易的活跃度仍然有待进一步提升。从重庆农村土地交易所2014年11月公告的地票交易信息来看,地票交易价款起始价(分别以280.5元/平方米和18.7万元/亩计)相对于前期交易有所下降,地票供给数量大幅增加,同时地票打包方式更为灵活,出现单张最小面积不足20亩的地票。重庆农村土地交易所采取的这些举措旨在撮合地票供需双方达成交易,促进地票市场的良性运转。但是仅从完善地票交易或者强化交易平台的功能出发,还不足以从根本上改变地票市场供需失衡的现状。

事实上,对于地票供给方——农村集体经济组织或者农户而言,现有的复垦机制、交易机制、分配机制、社保机制已使地票的经济价值产生了积极效应,其为生产地票而负担的相关成本或者面临的市场风险也获得了较大程度的制度关照,因而,他们具有较强的地票供给激励。但是对于地票需求方——主要是地方政府的土地储备机构、民营企业而言,其能够从地票交易中获得的显性收益,即凭借地票表彰的农地用途变更权申请启动征地程序,却存在相当大的不确定性。如果地票受让方在土地出让中竞购成功,则地票的价格计入招拍挂价格,用于冲抵新增建设用地有偿使用费和耕地开垦费。① 但是,如果地票受让方在土地出让中竞购失败,则只能要求返还地票价款,由此而导致的利息损失由地票受让方自行负担。在地票二级市场的发展尚有较大局限的情况下,持票人面临的最大风险便是不能

① 据调查,重庆市主城区新增建设用地有偿使用费约为40～80元/m^2,耕地开垦费约为30万～60万元/hm^2。因地票制度的推行而免征两费平均105万元/hm^2。参见邱继勤、邱道持:“重庆农村土地交易所地票定价机制探讨”,载《中国土地科学》2011年第10期。

顺利实现地票落地，地票的指标价值难以转化为现实的用地利益，这样在交易环节付出的成本无法得到合理弥补，挫伤了地票需求方的参与积极性。而更为重要的是，即使克服了地票落地障碍，地票对于市场的吸引力仍然有限。由于建设用地指标“双轨制”的存在，在通过专门的平台交易有偿获得地票这种建设用地指标之外，还存在国家批准的可无偿获得的建设用地指标。建设用地指标的“双轨制”意味着，地票作为有偿使用的建设用地指标与传统意义上无偿使用的规划指标并存。地票的购买、使用无法显示出与既有土地利用机制的优越性，反而增加了持票人的用地成本。

在传统的建设用地指标计划管理模式下，国家通过制定土地利用总体规划和年度土地利用计划分别形成一个地区内可以新增的建设用地总量及当年可新增的建设用地总量，即规划指标与计划指标。然后从中央逐层分解下达到省，再由省逐级分解下达到乡镇。这种行政性的、自上而下的指标分配方式实行的初衷是对全国耕地进行严格保护，因为实践中大多数地区新增建设用地占用的主要地类是耕地，因而新增建设用地的规模主要就取决于建设占用耕地的数量。通过指标约束型的土地规划和严格的土地计划指标，就是要从空间和总量上，也从用地时序上对各地新增建设用地进行严格控制，进而保证耕地总量动态平衡。① 但是在实践操作中，存在的一个突出矛盾是指标的分配者与用地单位的信息不对称，地方基层建设用地供给严重不足，而要依据各地实际需求来优化分解指标又存在技术上的极大争议。同时作为完善传统的行政性指标分配模式的产物——城乡建设用地增减挂钩模式亦因其封闭运行，②难以实现大范围、远距离的指标置换而作用有限。在这种情况下，以地票为代表的市场化建设用地指

① 汪晖、陶然著：《中国土地制度改革：难点、突破与政策组合》，商务印书馆2013年版，第141页。

② 根据《城乡建设用地增减挂钩试点管理办法》的规定，项目区内挂钩指标置换遵循“总量控制、封闭运行、定期考核、到期归还”的原则，因而，置换只能在项目区内小范围实施。

标置换模式可以为弥补指标行政性分配模式及增减挂钩置换模式的不足提供有益思路。

应当说,从地票制度的运行原理及其现实作用看,其具有明显的实践价值,尤其是"相比以往的土地供应模式,地票制度为企业自主选择开发地块提供了一定的自由空间。也就是说,地票受让方在农村土地交易所竞得地票以后有权利在符合规划的前提下向政府提出具体的征地建议,而不是坐等政府的土地出让"。[①] 但不可否认的是,传统指标分配模式的主导地位以及对地票使用范围的非强制性规定、地票运行制度自身的不合理之处等导致了市场对地票需求不强烈。其中,地票运行制度的问题需要立法者进一步出台措施保护交易安全,尤其是完善地票落地与征地制度;而传统的指标分配模式还具有其合理性,其他指标置换模式是其补充而非替代。因而,就地票使用环节而言,当务之急是建立地票使用范围的强制性制度,改变市场的自发选择,形成地票交易、落地的良性循环。这种对地票使用范围进行的强制性规定,即是持票准入制度。

二、建立持票准入制度的合理性与可行性

(一)持票准入的含义及其合理性

所谓持票准入,即是指申请参加特定范围内土地使用权的招标、拍卖和挂牌出让,必须持有相应面积的地票。持票准入制度的核心是通过政府干预地票市场,强制性设置地票使用范围,促成一定的市场需求量,从而维持地票交易市场的活跃度。建立持票准入制度具有重要的意义,表现在:

一是实现了政府干预与市场调节的有机结合,这对于探索我国城镇化进程中如何发挥政府"有形之手"与市场"无形之手"的作用提供了有益尝

① 黄忠:"地票制度呼唤顶层设计",载《中国土地》2013 年第 12 期。

试。传统的规划内建设用地指标采取的是无偿取得方式,政府的作用得到淋漓尽致地体现,但是亦容易带来供需失衡、权力寻租的弊端。而如果实行完全的市场调节机制,让市场自动成为建设用地指标的供给主体,则同样可能存在市场失灵的情况。例如,受地票交易收益的驱使,建设用地使用权人可能盲目申请建设用地复垦甚至违反真实性基本原则,通过伪造地票等方式不当获取地票交易收益,这显然不利于地票市场的长期健康发展。因此,将建设用地指标的政府调节与市场调节有机结合可以最大限度利用两种方式的优势。地票的持票准入制度便是这两种方式结合的产物。持票准入在本质上是一种关于地票使用范围的强制性规定,是对招标、拍卖、挂牌等市场化建设用地出让机制的一种限制,体现了政府的干预,同时这种政府作用并不是直接体现在对建设用地指标的垄断性分配上,而是体现在建设用地指标转换为现实的建设用地使用权之前,对该建设用地指标的使用限制上。换言之,要取得规划外的建设用地指标须通过专门的交易平台。建设用地指标的取得依托的是市场化机制,而取得后的使用环节体现的是政府的强制性干预。这种干预机制一方面通过影响地票需求而间接刺激地票供给,是地票市场活跃程度的重要保障;另一方面其着力点从指标的直接分配后移至指标的落地使用,更有利于保持介入市场的有限性与适度性。

二是实现了地票交易与征地制度的脱钩。在地票设计之初便确定的一项基本制度原则是保持地票功能的单一性,切断其与征地制度的关联,也就是说地票本身只是通过城乡建设用地增减挂钩而产生的一种建设用地指标,持有地票并不表明其现实地拥有建设用地使用权,地票要落地转换为现实的用地权利还须启动征地程序。而持票准入恰恰就为加快从指标到权利的转换提供了制度化的渠道。在持票准入制度下,无论是使用远郊农村集体的土地还是近郊已经属于利用规划内的国有建设土地,都须持有一定地票作为参与土地招拍挂的前提条件,这在一定程度上拉平了地票持有人与其他非持票的建设用地需求人之间的用地成本,有利于激发地票购买需求。

三是使地票法律制度形成从地票生产到地票落地的完整体系。持票准入是地票使用环节的核心法律制度,而地票使用又是联结地票生产与地票落地的关键因素,因而构建以持票准入为核心的地票使用法律制度将使整个地票的运行过程形成从地票生产到地票落地的完整制度链条。

(二)持票准入的可行性分析

1. 成都市建设用地使用权出让从“持证准入”到“持证准用”的变动及其影响

持票准入在实践中运用的典型范例是成都市国土资源局2010年发布的《关于实行国有经营性建设用地使用权出让“持证准入”制度的公告》(以下简称《公告》)。《公告》强调为调动农民集体和农户、社会资金参与农村土地综合整治的积极性,构建城市反哺农村、城乡统筹发展的长效机制,特制定国有经营性建设用地使用权出让“持证准入”的制度。根据《公告》要求,凡参加成都市自2010年8月1日后发布公告的国有经营性建设用地使用权竞买的申请人,必须持相应面积的《建设用地指标证书》或建设用地指标保证金收款凭证方可报名参与竞买,其中建设用地指标证书可以通过农村土地综合整治获得,亦可通过在成都农村产权交易所购买获得。显然,成都“持证准入”制度的初衷是为了促进地票交易市场与土地出让市场的有机整合,既避免建设用地指标凭证上负载实体化的土地使用权能,同时也刺激地票购买需求,维护地票申购人尤其是在土地招拍挂程序中并不占据优势的一般民营企业的合法权益,保障其对于建设用地使用权能的合理预期。但是由于制度推行中缺乏相关配套机制,持证准入的实施后果是地票价格畸高。相比于成都产权交易所组织的第一场指标交易,推行持证准入后的第二场指标交易吸引了100多家开发商的参与,指标价格从起始价15万元/亩，一路飙高到92万元/亩，平均72万元/亩，如果与当时的土地拍卖价相对比，仅仅指标的价格就相当于土地成本的至少1/3。[①] 而后在国土资源部的干预之下，成都农村产权交易中心发出公告，宣布暂停原计划于第二天开拍的3000亩建设用地指标拍卖。2011年4月13日，成都市国土资源局发布了新的《关于完善建设用地指标交易制度促进农村土地综合整治的实施意见》（以下简称《实施意见》），规则的最大变化是将“持票准入”修改为“持票准用”。《实施意见》规定建设用地指标作为国有经营性建设用地首次出让的“准用”条件，并根据不同区位的建设用地出让情形，分别规定建设用地指标的用途，即“成都市中心城区、二圈层区县（含青白江区）的国有经营性建设用地（不含工业用地）使用权首次出让，竞得人须持有相应面积的建设用地指标签订《国有建设用地使用权出让合同》；三圈层县（市）的国有经营性建设用地（不含工业用地）使用权首次出让，竞得人在签订《国有建设用地使用权出让合同》时，须按照市政府确定的建设用地指标当年最低保护价标准，缴纳竞买宗地相应面积的建设用地指标价款。成都市范围内城镇改造整理出的国有经营性建设用地使用权出让（非首次供应），竞得人不需持有建设用地指标，也不缴纳建设用地指标价款”。换言之，建设用地指标主要用于限定范围内、首次出让并且已经通过招拍挂程序竞得的建设用地，而在其他情形下，或者无须事先取得建设用地指标但须缴纳相应面积的建设用地指标价款，或者指标与指标价款都无须事先取得或缴纳。

成都建设用地指标用途从“准入”到“准用”的转变被认为有利于稳定申购人的市场预期，避免类似地票的建设用地指标哄抢或者指标闲置，降低指标交易的投机性。但在事实上，成都地票价格高涨并非仅仅因为“持票准入”规则，更多的是成都地票用途所致。“眼下成都一些地方出现了

① 王小乔：“成都新规：‘地票’不再是‘门票’”，载《国土资源导刊》2011年第7期。

农村整理集体建设用地后,节余指标不用于地票交易,而是直接进行招商。”[①]与重庆市相比,成都市城乡空间距离不大,节余指标通过招商可以直接作为商贸旅行用地。地票对于开发商而言,本身使用价值就很大。而且,与重庆市不同,成都市农村宅基地流转的范围并没有受到年度建设用地指标的政策限制,成都市地票年度供给量并不确定。“在市场信息不透明、供需矛盾突出的情况下,地票交易价格泡沫的产生不可避免,更加大了房地产开发土地市场的风险。”[②]

从建立可持续发展的建设用地指标交易市场的角度讲,以“准用”代替“准入”将对交易本身产生消极影响,进而挫伤指标生产者的积极性。第一,指标交易本身受到严重抑制。准用制度区别于准入制度的根本之处在于对指标功能的界定,前者实际上极大降低了指标在建设用地使用权现实取得中的价值,由于只需在签订土地出让合同时有相应面积的指标予以匹配即可,至少可以预期的是用地主体在确定已经竞得特定建设用地之前,都不愿先行承担指标购买成本,因而,指标交易能否达成以及规模的大小都必须依据土地出让合同的签订情况进行判断,指标交易市场本身的发展由此将严重受制于土地出让市场,这将在很大程度上动摇指标交易独立存在的必要性。第二,指标供求机制难以稳定。与“持票准入”不同,“持票准用”制度采用的是“先占后补”的增减挂钩模式,即开发商要拍地,无须先持有地票,只要拍地后有足够的建设用地指标相匹配即可。可见,农村建设用地指标节余与城市新增国有经营性建设用地指标并非严格挂钩,因此难以形成有力的增减制约,最终影响地票供求机制的稳定。[③] 第三,

---

① 张泽梅:“成都地票交易价格分析”,载《经济与管理研究》2012 年第 7 期。

② 马智利、李君、段大玲:“地票制度下的成渝宅基地流转模式对比分析”,载《兰州商学院学报》2012 年第 2 期。

③ 谢来位:“成渝地票交易制度及其价格形成机制比较”,载《价格理论与实践》2011 年第 8 期。

指标生产者缺乏参与市场交易的主动地位与充分激励。从成都市持证准用制度的基本内容看，其建设用地指标产生于农村土地综合整治项目，依规定，该项目申报主体为农民集体和农户，这种制度安排与重庆市的地票生产过程类似，农民集体和农户都是左右指标的生产主体。但是正如前述，建设用地指标的作用只是在签订土地出让合同时体现出来，因而指标生产者实际上难以真正获得主动交易的机会，并且按照“建设用地指标交易后，不得再次转让，但可以分割、合并使用”的规定，建设用地指标的用途受到极大限制，当其作为签订土地出让合同时的一种匹配额度被消耗完毕后，其实用价值也就不复存在，这反过来进一步削弱了指标生产者的激励。第四，指标生产的周期性与指标使用的短期性矛盾无法实现准用制度的设计初衷。成都市推行准用制度的初衷在于为农村土地整治提供多元化的融资渠道，尤其是鼓励社会资金参与农村土地整治市场。因而在《实施意见》中明确规定“鼓励各类资金参与农村土地综合整治。投资者可在成都市范围内投资农村土地综合整治项目，与农民集体和农户就整治规模、资金投入、补助金额、农房建设标准、指标归属等相关事项进行商谈。各区（市）县政府及相关部门应按照各自职责，进一步做好项目规划、立项、推介、验收及法律等服务和监管工作，引导投资者与农民集体和农户直接签订投资协议”，“农民集体和农户委托投资者、政府土地整治专业机构实施农村土地综合整治项目的，节余建设用地指标归属由双方合同约定”。这种引导社会资金参与农村土地整治项目并授权投资主体与农民集体或农户约定指标归属的制度安排无疑为指标需求方提供了一种现实的指标取得渠道，相比于从交易市场上购买指标而言，直接参与指标生产过程更能确保指标供应（包括打包方式、面积大小等）适应自身需要并节约交易成本。但是指标生产过程毕竟具有周期性，从土地整治项目立项、实施到验收合格需要耗费一定时间，并且在整个项目推进过程中，农民集体和农户享有参与权、知情权和重大事项决定权，因而，社会投资方需要建立与农民集体、农户之间的良性合作机制，以保障项目的正常持续推进，这同样需要花费一定的谈判协调成本。而投资方的目标是快速获取建设用地指标并在短期内将之消耗掉，以便最大限度将指标的成本转移到土地成本中，这种对指标的短期需求与指标生产的周期性形成了矛盾。如果参与指标生产所带来的收益小于或者非明显大于其成本，那么，《实施意见》所设想的引导社会资金参与土地整治项目的初衷就难以实现，指标需求方可能仍然会选择在产权交易市场购买而不愿承担更大的指标生产成本。

2. 持票准入制度面临的争议及解决途径

由上观之，以“准用”代替“准入”将产生一些不良影响。事实上，为应对“准入”所可能产生的争议并不一定要采取准用制度，而是可以通过完善相关调控保障机制、配套实施机制，使准入制度的运行更为合理。第一，地票价格畸高与地票价格的调控机制。地票价格畸高是推行持票准入制度面临的首要问题。而避免指标价格畸高的方式并不意味着必须降低指标的市场价值，因为这可能从根本上削弱各方参与市场交易的激励，从而动摇市场存续的根基。因而，如果认同指标交易的必要性与合理性，那么就应当确保指标价值的相对独立性，它并不是依附于土地出让合同的一种事后匹配性的指标额度，而是在启动出让程序之前已经独立存在的、包含从生产到交易的完整机制。那么，如何避免地票价格过高上涨呢？地票的价格因为其作为准入门槛而能够保持一定水平，这是地票交易持续进行的根本保障，同时又因价格调控机制的存在而不会出现价格失控的局面。市场本身愈发展，市场机制的作用愈充分，市场自我调节与自我修复的功能亦愈强，即使出现价格短暂波动也能够保持在合理范围内，因此，控制价格并不是取消市场，相反需要进一步发展市场。第二，落地风险与竞拍失败的救济机制。准入制度面临的另一个重要争议就是持票人的落地风险。在准入制度建立之前，《重庆农村土地交易所管理暂行办法》只赋予了地票持有人对建设用地地块的选择权，即可以在符合土地利用总体规划的范围内找寻尚未被征收且符合自身需求的建设用地。在选定地块后,再向政府提出征收建议。在征收程序启动后,该地块仍作为经营性建设用地进入国有土地使用权出让程序。地票持有人和其他竞买者处于平等的竞争地位,前者并不享有在同等条件下对建设用地使用权的优先购买权,因而,在完全的市场机制作用下可能出现事先选定的地块被其他竞买者取得的情况。建立持票准入制度的目的就是为取得一定范围的建设用地设定统一的门槛,确保参与竞拍主体的起点公平、机会公平,但是持票准入制度实施的客观后果是地票持有与地块拥有之间发生不匹配,持票人不能将地票成本最终转换为用地利益,因而,制度本身并未解决结果公平问题,持票人仍然面临落地风险。如果不对竞拍失败的持票人提供救济,制度的公平性、可行性仍然存在疑问。这种在地票持有与地块拥有之间的不匹配现象恰恰是准用制度力图解决的问题。但是在不降低地票市场价值的前提下,有没有其他救济机制以弥补竞拍失败者的损失呢?首先,可以建立地票的回购机制,确立地票回购的条件(即规定使用时限内因竞拍失败未能实现地票落地,不包括因主观原因消极不使用的情形)、制定地票回购的价格(考虑到地票回购仅仅具有补偿功能,因而可在指标回购当年最低保护价基础上适当上浮一定比例但不超过当年地票成交市场均价)、细化地票回购程序等。其次,完善地票二级市场,规范地票权利质押、转让机制,减少持票人损失。在准用制度框架下,指标仅仅作为土地出让合同的附属物而存在,其自身负载的交易成本有限,制度设计偏重指标的实际消耗而压制市场转让,因而其指标不兼有市场融资价值亦在情理之中。但是在准入制度框架下,指标使用增加了各个主体潜在的用地成本和市场风险,因而对于地票在实际使用价值之外的市场交换价值亦产生了更多期待,这就要求准入制度在设计时应当兼顾指标的使用价值与交换价值,为市场主体合理转移持票风险提供有效渠道。地票二级市场的发展便是这种风险转移的必然要求。地票二级市场是为存量地票(包括一级市场尚未实现落地的地票以及部分实现落地后的剩余地票)进行质押或者二次转让提供的交易场所,通过发展地票二级市场,能够最大限度降低持票人风险,同时促进市场资金融通,进一步显化地票价值。最后,完善地票的打包方式及拆分使用机制,提升地票使用效率。发展地票二级市场是降低地票落地风险的重要手段,它有助于在地票一级市场与土地出让市场之间搭建起联系的桥梁,但是其自身的发展完善亦有赖于一定条件的成就,其中最典型的是解决事前的地票打包方式问题与事后的拆分使用问题。地票打包方式是地票一级市场发展中遗存的问题,主要表现在由于打包的地票面积过大,导致一定程度上限制了部分主体的参与。在地票二级市场发展过程中,应当使地票打包方式更为灵活,允许地票以更小的面积规模投放到二级市场流通交易,保障地票资源的有效配置;①或者是在地票打包交易后,允许持票人将地票拆分为若干面积更小的单位使用或者进行二次转让,这种制度设计亦可避免持票人将重心集中在竞拍环节上,有利于分散持票风险。第三,房价推高与房价调控及超额土地储备应对机制。将地票作为参与土地出让的条件还引发了关于推高地价、房价及超额土地储备的质疑。对于地价、房价推高问题,应当看到源自持票准入制度的地票价格升值压力与建设用地指标增加供给的市场力量同时存在,在市场供需机制的自我调节与适度的政府干预机制作用之下,地票价格的升值空间受潜在的市场进入的制约,因而指标价格将趋向于合理,进而与指标价格牵连的土地出让成本(实践中是用地票价格冲抵新增建设用地有偿使用费与耕地开垦费)及房地产市场价格受到指标交易的影响就更为间接,同时,房价调控是一项涉及土地、财税、价格等多种手段的系统工程,仅仅来自建设用地指标交易的价格波动尚不足以对房价调控构成挑战。对于超额土地储备问题,学者指

---

① 孙芬等:"关于开放地票交易二级市场的思考",載郑财贵主编:《重庆统筹城乡土地管理制度改革研究文集——地票制度篇》,西南师范大学出版社2013年版,第169页。

出地方政府可能借助更充裕的建设用地指标进行大规模土地储备,并认为这将进一步强化地方政府垄断土地发展权的非均衡的利益分配模式。[①]尽管持票准入可能增强地票交易的活跃程度,但并不必然诱使地方政府增加土地储备,只要保障地票交易机会能够向各个市场主体公平开放,同时完善地票二级市场,参与主体将会日益多元化,利益分配模式也会逐步实现均衡。事实上,地票制度从其产生发展至今,都带有强烈的政府主导色彩,如果地方政府一面是规则制定者,一面又是规则最大受益者,那么其正当性势必受到质疑,亦很难长久推行下去。因此,学者指出“理性的政府并不会超额储备土地,相反会严格控制申请人资格,申请程序,保障地票制度的长远发展”。[②]

(三)持票准入制度的边界

持票准入制度亦存在自身的边界。持票准入制度意味着无论是使用远郊农村集体的土地还是近郊已经属于利用规划内的国有建设土地,都须持有一定地票作为参与土地招拍挂的前提条件,但是该制度并不会取代规划范围内的建设用地指标取得方式,在我国既有的土地管理整体制度框架之下,“双轨制”运行格局将得到长期维持。传统的建设用地指标取得方式是适应于国家对土地用途的严格管制要求的,尤其是在我国地少人多、土地资源的稀缺性与经济社会发展的矛盾极为突出的背景下,更应当强化土地用途的管制,而传统的指令性分配模式与土地用途管制制度一脉相承。尽管这一分配模式因“自上而下”、“以供定需”的编制特点容易偏离实际的指标需求,但是土地资源的稀缺性决定了在利用这一资源时有必要采取有步骤、可持续发展的供应机制,应当通过增强其指标分配的科学性、

---

① 程世勇:“地票交易:体制内土地和产业的优化组合模式”,载《当代财经》2010 年第 5 期。

② 刘俊等著:《地票的制度基础与法律性质》,法律出版社 2012 年版,第 114 页。

民主性完善指标分配模式,而不能完全放开由市场进行配置。

三、建立持票准入法律制度的具体建议

(一)设定持票准入的适用范围、标准及法律程序

首先选择将高收益的经营性用地纳入地票使用范围,规定该领域内要实现用地需求必须购买地票。在现行制度框架下,经营性用地的市场化出让机制与地票的市场化交易机制可以实现有效衔接,形成从建设用地指标的取得到落地的完整制度链条,并且通过土地出让市场与地票交易市场上的价格冲抵机制,有助于强化地票需求,激励地票供给,进而建立地票供需双方的良性互动。因而推行持票准入制度应当首先从规制经营性用地需求入手,通过形成良好的制度示范效应,为下一步扩大地票使用范围提供实践基础。值得注意的是,经营性用地本身是一个有待进一步细化的概念,具有相对较高收益水平的房地产开发用地与具有一般甚至较低收益水平的其他经营性用地应当在适用持票准入制度的时限上区别对待。其中,房地产开发用地可以作为适用持票准入制度的首选,这是基于房地产开发用地预期升值空间较大,即使增设用地指标的前置环节亦不会使开发商因承受过高的土地成本而退出土地出让市场,房地产开发用地需求具有相对稳定性,并呈现持续增长的趋势,因而针对房地产开发用地设置的准入门槛不会对土地市场产生过大冲击,同时还可以提升地票交易的活跃程度,推动地票市场的持续发展。由此可见,选择房地产开发等高收益用地作为持票准入制度的适用对象,对于促进地票交易市场与土地出让市场的良性互动将发挥积极意义。随着地票市场的逐步成熟,地票供给量的有序增长,可以将持票准入的适用范围从高收益用地扩大到一般经营性用地,乃至规定农民、农村集体经济组织都可通过在土交所购买地票来实现用地需求。

从立法层面讲,将持票准入纳入正式立法可以采取概括加列举的方式,即首先规定适用持票准入的用地范围的一般条款,在此基础上列举属于该用地范围的具体情形。同时立法应当对适用持票准入的范围标准及其影响因素、设定该适用范围的权力主体及法律程序、利益相关者(主要是建设用地需求者)的知情权及监督权等内容作出明确规定。相对于从实体上设定持票准入的具体适用范围而言,有关权力配置、运作程序、权利保障等方面的内容似乎对建设用地需求者的直接影响不大,但是立法规制的重心恰恰在于标准做出的过程是否正当、透明,而非标准本身。事实上,适用持票准入的用地范围本身是弹性的概念,需要依据多种因素尤其是建设用地指标的供需变化灵活确定其内涵与外延,因而,有必要赋予行政机关一定的自由裁量权,但是这一权力运行应当具有正当性、合理性并保持公开透明,这正是立法规制的目标所在。基于此,有关持票准入适用范围的规定不宜过多纠结于经营性用地范围的实体问题,而是应当重点关注设定范围的行政主体、标准及程序问题。其中,行使范围设定权的行政主体应当是市级政府。地票是重庆市推行农村土地市场化改革的产物,地票的整套制度设计及运作不可避免地带有地方行政主导的色彩。就持票准入的范围而言,地方政府无疑最为清楚地知悉本地的地票供需状况,亦最有可能制定出适应本地发展需要的地票宏观政策,因而市政府应当成为持票准入范围的设定者,但同时亦需要将这一设定权纳入规范化、法治化的渠道,使市政府作为地票宏观政策的制定者受到严格的制度约束。设定持票准入的范围标准,也就是设定持票准入范围的依据或者影响因素,是立法规制的另一项重点内容。这对于约束政府权力具有积极意义。从实践看,地票存量(即持票人拥有的载有一定面积的地票)与年度经营性用地需求量及地票价格是影响持票准入范围设定的因素,如果地票存量明显小于年度经营性用地需求量,那么持票准入的适用范围就不能过大,以免造成地票价格的非理性上涨;反之,如果地票存量明显大于年度经营性用地需求量(即便这种情形出现的可能性较小),那么持票准入的适用范围亦须做相应调整,以保证地票价格及地票市场的稳定。基于这一规律,立法中可以将地票存量、年度经营性用地需求量及地票价格作为设定持票准入范围的基本依据。持票准入范围的设定程序可以仿效一般行政决策机制,规定利益相关者的听证程序、异议程序与监督程序,保障利益相关者的知情权与监督权。

(二)确保持票准入范围的动态调节

地票使用范围不宜僵化确定也并非不可逆转(即并非必然扩大使用地票范围),而应当依据地票价格、地票市场的发展状况进行动态调节。比如在一定时期内,地票价格上涨明显,地票需求过热,就可以考虑适当缩小地票使用范围。这也说明持票准入范围的动态调节对于保持地票价格的平稳运行能够发挥积极作用。持票准入范围的调节与制定应当遵循同样的标准和程序,同时建立持票准入范围的动态调节机制还需注意以下问题:一是召开听证会就范围调节的必要性与可行性进行论证,广泛吸纳土地行政主管部门、地票交易平台、建设用地需求者及农村建设用地使用权人的意见,尤其是对建设用地指标的供需双方——农村建设用地使用权人与建设用地需求者而言,地票使用范围的变动与其利益直接相关,因而,应当充分保障其参与听证的权利。二是应当预留范围调节的公示期。为保障地票交易双方的利益,无论是扩大还是缩小地票使用范围都应当按照一定程序提前公示,为变动后持票准入范围的施行预留一定时间,便于地票供给双方做出理性的市场预测。三是对范围调节的间隔时限作出规定。持票准入的适用范围一经确定应当保持必要的稳定性,如果宏观政策过于频繁地调整不仅不能实现政策初衷,相反还会给市场主体的行为选择产生消极影响。同时从地票市场与土地出让市场发展的现实状况看,应当充分发挥两大市场自我调节、自我修复的功能,启动市场自身对地票存量、年度经营性用地需求量及地票价格等变动要素的反应机制，只有在市场无法充分发挥调节作用，同时又影响到地票供需各方以及两大市场正常发展秩序的情况下，才有必要通过自上而下的方式——改变持票准入的适用范围——进行干预。而范围调节间隔时限的规定就是为显示市场机制的功能提供一个必要时间段。在立法中可以采取如“市人民政府对核定地票使用范围每隔×年调整一次”的表述方式。

（三）完善相关法律制度

持票准入法律制度的建立是一项系统工程，有赖于相关法律制度的配套完善。首先是地票价格宏观调控制度的完善。诚如前述，地票价格是影响持票准入适用范围的关键因素，因此在决定如何设定或者是否调节该适用范围时必须充分考量地票价格信息，因而在构建持票准入法律制度的同时，应当完善地票市场的价格监测、基准价设定、价格干预、价格紧急措施等制度。其次是征地制度的完善。持票准入制度连接着地票交易与地票使用，但是恰恰在现有制度下，两者存在一个悖论，即“地票要在主城区（城市）落地，就必须基于公共利益先行进行征收；另外，就地票的具体使用而言，其所针对的却是重庆主城区的经营性用地，而非意在满足公共利益的需要”，[①]在这种情况下，如果针对持有地票的经营性用地需求者，仍然依据传统的征收制度启动相应程序显然背离了公益性征收的制度初衷。同时，按照目前的征地补偿标准，新增建设用地的单位面积有偿使用费与耕地开垦费低于单位面积的地票价格，这也使得地票持票人的部分成本无法得到完全冲抵，地票对于建设用地使用权人缺乏足够吸引力。因此，要自上而下地建立起持票准入的强制性使用制度，显然不能无视与地票相关的征收制度的合理性问题。持票准入制度的建立应当同步推进征收制度

① 黄忠：“地票制度呼唤顶层制度设计”，载《中国土地》2011年第12期。

的改革,改革的主要方向是明确界定公益性征收的范围,将地票落地过程中的征收视为一种特殊情形通过制定专门的程序加以规范,同时提高征地补偿标准,使其与地票价款分配标准保持一致。最后是地票注销制度的完善。通过地票落地实现指标价值后,建设用地的中标人、竞得人与土地出让方签订土地使用权出让合同的同时,地票应当注销,从而完成地票供给、地票交易、地票使用、地票注销的完整流程。地票注销意味着负载在地票票面上的相应权利与义务的灭失,土地行政主管部门应当及时办理地票注销登记,防止已经落地的地票通过非正当途径重新流入市场,妨碍公正的交易秩序。

第七章　地票登记法律制度

一、地票登记的含义、程序与制度现状

（一）地票登记的含义与程序

地票登记是指为确保地票市场的可控性，地票产生、交易的整个运行过程应当通过专门的登记簿记载变更相应信息。地票属于特殊的权利凭证，对其登记主要是在电子登记簿系统中以电子化形式输入和储存各种地票信息。地票登记的核心问题是确定登记机关、明确登记效力和解决登记纠纷。地票登记贯穿于地票供给与申领、地票出让、地票转让、地票权利质押、地票收益分配等多个环节，在每个环节中，地票登记程序各不相同。但总体而言，均包括地票持有人向登记机构提交规定的证明材料、登记机构审查地票持有人身份和申请材料以及登记机构在地票登记簿记载变更信息等环节。

(二)地票登记法律制度的缺失

目前地票登记制度的建设相对落后,有关地票登记机关以及从地票取得到注销各个环节的规定还属空白。由于我国《物权法》并没有明确基于农村建设用地使用权而产生的地票权利的法律性质,根据物权法定原则,《物权法》中关于不动产和动产登记方面的相关规定对于地票登记而言并不具有适用性。如《重庆农村土地交易所管理暂行办法》第28条规定,农村建设用地复垦后的土地,所有权和使用权属本农村集体经济组织。区县政府组织进行农村集体土地所有权登记,核发集体土地所有证、集体土地使用证。另外,国土资源部、财政部、农业部于2011年联合下发的《关于加快推进农村集体土地确权登记发证工作的通知》和重庆市人大常委会于2012年通过的《重庆市土地房屋权属登记条例》等规范性文件也对相关问题进行了规定。虽然在地票产生环节涉及农村集体土地权属变更问题,但是地票市场运行涉及地票供给与申领、地票出让、地票转让、地票权利质押、地票收益分配等多个环节。因此,上述规范农村集体土地确权登记发证工作的规范性文件,对于规范地票登记行为而言,并不具有参考价值和指导意义。总体而言,地票登记的法律制度处于严重缺失的状况。

二、构建地票登记法律制度的意义

(一)维护地票市场交易安全

地票在取得、变更、权利质押、注销时应当进行权属登记,登记机关依据一定的标准对地票持有人身份和相关证明材料进行形式和内容方面的审查,界定和保护地票权利,增强地票权利取得、变更和消灭的真实性。由于登记可以产生公示公信的效力,对于地票市场各利益主体而言，真实的地票权属信息是其进行地票交易的基础和前提。对于宏观层面的地票市场而言，构建地票登记法律制度，可以充分维护地票市场的交易安全，确保地票交易有序进行。在地票取得环节，可以设计相关登记法律制度，对地票的初始权利进行认定，在源头上防止地票权属纠纷的出现。在地票购买环节，对地票出让、转让行为进行规制，通过法律制度要求欲变更地票权属的主体把变更信息向登记机构进行申报，以保障地票买卖双方当事人合法合规地行使地票权利。地票权利质押加大了地票市场运行的复杂性，在地票权利质押环节，构建地票登记法律制度，可以对地票权利质押进行定性，降低其法律风险。同时，在对地票进行处分，实现质押权利时，通过地票权利质押登记，有利于明晰地票权属，降低地票权利质押中多元主体博弈可能产生的纷争，克服地票交易的市场风险。在地票注销时，通过地票注销登记，可以确保地票权利消灭法律效果的实现，并通过法定的方式向社会进行公示，避免他人利用注销的地票进行诈骗，威胁地票市场交易安全。

（二）节约地票市场交易成本

地票市场交易成本特指地票利益相关者在取得、使用、消灭地票权利过程中所付出的人力、物力、财力和时间资源。在本质上，地票市场交易成本主要是信息成本，即搜集和处理地票交易信息的成本。地票登记的原理在于具有国家公信力的行政机构，以服务地票交易市场为定位，利用其行政权力，通过登记行为，为地票交易市场主体筛选对于地票交易影响重大的信息，帮助市场主体收集其不愿意或没有能力获取的信息，使希望购买、使用、消灭地票权利的利益相关人依据登记簿即可判断地票权属变动情况。对于地票利益相关者而言，其可以直接利用地票登记机构提供的地票登记信息，作为其交易的参考依据，免去了其搜集和处理信息的过程，节约了交易成本。构建地票登记法律制度的重要意义之一便是通过明确登记机构及其权责,确保地票登记机构依法履行登记权责,保障地票登记制度搜集和处理地票交易信息作用的有效发挥,最终有利于节约地票市场交易成本。

(三)优化地票市场宏观调控效果

地票登记制度不仅有利于界定和保护地票权利,而且也是优化国家对地票市场进行宏观调控效果的重要保证,实现我国土地资源的优化配置。地票权利产生于农村建设用地用途的变更,其基础是农村建设用地使用权。而享有地票权利又是开发商等市场主体参与城市建设用地使用权招拍挂的门槛。因此,地票市场运行状况直接影响我国土地资源的优化配置。特别是在赋予农民地票权利后,农民在利用农村建设用地方面享有更大的自主权,如果在宏观层面缺乏对土地资源利用的调控和监管,将威胁到土地资源的合理利用。建立地票登记法律制度,正是解决上述问题的关键。地票登记机构在审查地票权利归属、变更、消灭时,可以根据国家有关的土地法规、政策,结合地区发展以及市场需求,制定宽严相济的监管政策。同时,依法进行地票登记,可以汇总地票取得和交易的市场信息。通过整理和分析以上地票市场信息,有助于掌握地票市场整体运行状况,为完善地票市场宏观调控相关法规、政策提供真实有效的依据。此外,为了稳定地票市场交易秩序,调控地票市场交易价格,国家通常采用地票储备手段。国家通过加大或减少储备地票数量,利用地票市场供求机制,影响地票交易价格。为了实现对地票市场交易价格的有效调控,必须对地票市场历史和当前交易价格进行评估,并制定目标交易价格。地票登记要求地票权利变更时,必须将变更情况记录在案,其中地票交易价款便是其中重要一项内容。国家制定地票储备制度,并通过地票储备制度调控地票交易价格之前,可以查阅地票权属变更登记簿,了解包括地票交易价款在内的相关信息,以此可以确保地票储备手段发挥其应有作用,实现国家宏观调控地票交易市场的科学性和有效性。

三、地票登记法律制度的构建

(一)地票登记法律制度的基本原则和框架

构建地票登记法律制度应当确立地票市场运行的全程登记原则,即地票权利取得、变更(包括出让、转让和质押)、消灭等各个环节都应当进行登记。地票市场运行的全程登记原则,可以最大限度保障地票市场有序运行,充分实现地票登记功能。尽管实施该原则可能在一定程度上增加地票市场运行成本,但如前所述,完善的地票登记法律制度对于地票市场运行意义重大,如果制度变迁新增的收益大于相关成本时,确立全程登记的基本原则便具有存在的合理性。在建立全程登记原则的基础上,地票登记法律制度的基本框架主要包括以下内容:首先,确定地票登记机构及其权利、义务和法律责任。其次,应建立地票登记信息公开制度,充分发挥土交所中介平台的积极作用。最后,建立地票运行各环节登记法律制度。针对地票市场运行的各个环节,如地票权利取得、变更和消灭,分别建立各环节的地票登记法律制度,强化地票登记法律制度的可操作性。地票登记法律制度基本框架如图1所示。

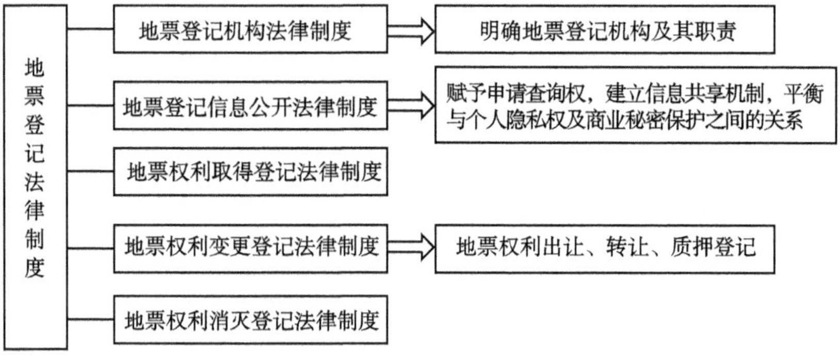

图1 地票登记法律制度基本框架

(二)明确地票登记机构及其权责

在整个地票登记程序中,地票登记机构处于核心地位。由于地票登记机构承担着维护地票市场交易安全、节约地票市场交易成本和优化地票市场宏观调控效果等方面的任务,因此,该机构具有服务性和管理性的双重特征。考虑到地票市场运行时间较短、相关配套法律制度不健全的现实因素,建议将地票的监管机构,即重庆市国土资源和房屋管理局作为法定的地票登记机构。在地票市场运行较为成熟之后,可以借鉴证券市场的相关规定,组建地票登记结算有限责任公司专门负责地票登记。在地票登记机构权责方面,首先,应规定登记机构对地票登记事项的形式和实质审查的内容。就地票登记机构的形式审查而言,为了保证地票交易的安全性以及满足国家对地票交易市场进行宏观调控的需要,地票登记机构在考察地票市场运行实践的基础上,应当从地票权利取得、变更和消灭须向登记机构提交的相关材料入手,重点审查地票登记申请人是否依照规定提交完整的相关材料。对于地票权利变更登记申请书等需要申请人自行填写的表格,重点审查申请人填写的内容是否符合形式规范的基本要求。就地票登记机构的实质审查而言,针对地票登记申请人真实身份、地票购买方真实身份、地票价款支付情况等可以反映地票权利变动真实情况的内容,地票登记机构应对其进行严格审查,防止欺诈等影响地票交易市场正常秩序的事项出现,以此提升地票登记机关的公信力。无论是针对地票登记事项的形式审查事项,还是针对地票登记事项的实质审查事项,地票登记机构完成对地票登记事项进行审查后,应出示书面的审查意见。对于不符合相关规定的地票登记申请,应告知申请人不予登记的原因。如针对地票登记形式内容不合格的申请人,应告知其需要修改或者重新提交的申请材料。其次,应赋予地票登记机构的现场和非现场监督检查权,地票权利人应积极予以配合。地票登记机构现场监督检查是指为了审查地票登记事项的真实性和合法性,如果地票登记申请人及其他直接相关的地票交易法律关系当事人为企业或其他组织,地票登记机构有权亲临企业或其他组织所在地,对其进行实地专项检查。被检查的单位应当如实反映与地票登记直接相关事项的真实情况,并提交必要的材料。地票登记机构非现场监督检查是指地票登记机构通过对地票登记申请人提交的登记申请材料,就其合规性和风险性等方面的内容进行审查,以提升监管效率,同时确保地票交易市场秩序稳定。当然,地票登记机构应当为被检查的单位保守商业秘密,并尊重相关人员的个人隐私。再次,针对地票登记机构的各项职权,应依法配置相应的法律职责,确保地票登记机构的权责相统一。具体思路是:规定地票登记机构及其工作人员违反法律规定办理地票登记,造成地票登记错误、给他人造成损害的,应由地票登记机构承担相应的损害赔偿责任。地票登记机构承担赔偿责任后,对故意或者重大过失造成登记错误的工作人员,有权追偿。最后,为了保障地票登记机构法律权责的落实,还应建立配套的救济措施。如针对地票登记机构对地票申请人等主体进行审查后出具的审查报告,应当赋予相关主体申请行政复议的权利。又如,针对地票登记机构对权利人造成的经济损失,应构建相应的民事诉讼规则,在事实和法律层面,真正保障地票权利的实现。再如,若地票登记机构违法情节较为严重,针对地票登记机构违法行为类型的不同,坚持程序正义原则,分别建立地票登记行政诉讼、刑事诉讼规则,切实保护地票权利人的合法权益。

(三)建立地票登记信息公开法律制度

地票登记的目的之一便是实现地票市场信息的公示,使其产生公信的效力。因此,地票登记信息公开应成为地票登记法律制度的重要内容。首先,地票持有人、利害关系人有权申请查询地票登记资料,市国土资源和房屋管理局应当提供。赋予地票利益相关人申请查询地票登记资料的权利,是构建地票登记信息公开法律制度的重要一环,是构建其他相关制度的前提和基础。只有将申请查询地票登记资料权利化,才能在源头上确保地票登记信息公开效果的实现。市国土资源和房屋管理局作为地票登记机构,在对地票相关人的申请依法进行审查后,无正当理由不得拒绝向申请人提供相关材料。其次,为了方便地票交易,提高地票市场运行效率,应充分发挥土交所这一地票交易平台的作用,依法建立地票登记机构、地票交易平台的信息共享机制,将土交所打造成为地票登记信息公开的重要场所。为此,土交所应建立相应的地票登记信息公开平台,与市国土资源和房屋管理局的登记平台建立绿色通道,共同服务于地票持有人和利害关系人。由于现代信息登记平台大多利用互联网系统,因此,土交所在建立地票登记信息公开平台时,应重点关注互联网建设问题,其核心是保证地票登记的相关信息安全。为了确保数据真实有效,还应要求土交所定期与市国土资源和房屋管理局进行地票登记信息核对。如果因土交所自身原因导致地票登记信息失真,造成了地票持有人或者其他利益相关人经济损失,土交所应当依法承担民事赔偿责任。最后,应注意平衡地票登记信息公开与个人隐私权及商业秘密保护之间的关系。取得、变更、消灭地票权利是权利人获得和处分其财产权的表现,在以上环节建立登记公开制度的目的在于公示公信,但绝非一定要将地票权利相关信息全部公之于众。地票权利取得、变更、消灭均属于个人财产处分行为,在正常市场条件下,并不涉及社会公共利益,没有依法强制地票权利人向社会公布其个人地票登记信息的必要性和合理性。地票登记信息公开制度在本质上应为地票权利保障性措施,而不可侵犯地票权利人的个人隐私权或者商业秘密权。

(四)建立地票权利取得和消灭登记法律制度

地票权利取得登记是将地票初始权利的归属记载于地票登记机构的登记簿中,地票持有人自登记之日起享有地票权利。而建立地票权利取得登记法律制度的目的是规范地票权利取得行为，依法界定地票初始权利的归属，为保护地票权利人提供基础，并对地票权利争议起到定分止争的作用。地票权利取得登记法律制度的核心内容是规定地票经市国土资源和房屋管理局签发后应当办理登记，地票权利自登记之日起设立。未经登记，不发生设立地票权利的效力。地票权利消灭登记是指地票权利因法定或约定事由的出现而不复存在，登记机构将以上事实记录在地票登记簿中。地票权利消灭登记亦是地票注销的过程。与地票权利取得登记法律制度相似，建立地票权利消灭登记法律制度的目的也是为了规范地票权利登记行为。地票权利消灭登记法律制度的重点内容是确定地票应当注销的情形、地票注销义务人以及地票注销的效力。地票注销登记的情形和地票注销义务人应采用列举的方式加以规定，如地票出让或转让完成，出卖人持有的地票应当注销登记；地票权利实现，原持票人持有的地票应当注销登记；地票质押权实现，质权人持有的地票应当注销登记等。地票注销登记的效力建议采登记要件主义，即地票权利消灭应当进行地票注销登记，未经登记，不发生消灭地票权利的效力。

（五）建立地票权利变更登记法律制度

地票权利变更登记是登记机构根据地票权属的变化变更地票登记簿上登记信息的过程。地票权利变更主要包括地票权利出让、地票权利转让和地票权利质押几个方面。因此，地票权利变更登记法律制度的内容也主要围绕以上几个层面展开。在地票权利出让和转让问题上，当地票权利部分实现时，应当对尚未实现权利的地票信息进行变更登记；地票权利全部出让或转让时，应当对地票权利整体变动信息进行变更登记；同一编号地票分割出让、转让，或者不同编号地票合并出让、转让时，应当对分割出让、转让或者合并出让、转让的地票进行变更登记。在地票权利全部或者部分出让、转让时，应当明确规定申请地票权利变更登记应提交的材料。例如，在地票权利出让登记方面,具体可以参照重庆市实践中的做法,应提交的材料包括地票权利变更登记申请书、地票成交确认书(原件一份)、地票价款缴纳收据(复印件一份,验原件)、企业组织机构代码证(如购买方为企业)、法人代表身份证复印件(如购买方为法人)等。在地票权利质押变更登记方面,同一编号地票权利分割质押,或者不同编号地票权利合并质押,应当对分割质押或者合并质押的地票进行变更登记。由于目前地票市场处于发展初期,从确保地票市场交易安全的角度考量,建议强化变更登记的法律效力,规定地票权利变更必须依法进行登记。未经登记,不发生地票权利变更的法律效力。

第八章　地票市场调控与监管法律制度

一、地票市场调控与监管的含义与特点

与其他任何一种需要适度干预以确保自身正常运行的市场一样，作为建设用地指标形成、流转的专门场所——地票市场亦离不开政府的积极作为。政府对地票市场的干预主要体现在两个方面：一是地票市场的宏观调控，它是指运用各种宏观经济手段对地票市场供给与需求总量进行调节，从而实现地票市场平稳、持续运行的一种干预机制；二是地票市场的秩序监管，它是指对地票市场主体的影响市场秩序、偏离市场经济要求的行为进行规制的一种干预机制。地票市场调控与地票市场监管体现了政府干预的不同目标、对象与手段：地票市场调控着眼于解决地票市场运行发展中的宏观问题，作用对象是地票供需总量，核心目标是保持地票供需总量平衡，采取的手段是非

强制性的、间接的、市场化方式，如计划、财税、价格等；地票市场监管则着力解决地票市场尤其是地票交易环节中出现的具体问题，作用对象是市场主体的交易行为，采取的手段是强制性的、直接的、行政化方式，如针对地票市场价格垄断实施的行政处罚等。

相对于一般市场上的宏观调控与行为规制而言，地票市场调控与监管还具有自身的一些特点。首先，一般市场宏观调控往往是解决国民经济总体的、全局性经济运行问题，并且总供给与总需求的对比关系经常交替更迭，由此导致经济趋热或者趋冷的现象都有可能存在，而地票市场宏观调控则主要解决区域性地票交易市场产生的地票供求失衡问题，并且目前供给与需求的关系主要表现为供给有激励而需求不明显的单边运行格局，这从近几年地票市场的交易规模、交易价格信息中可以看到。因此，如何提升地票市场的活跃度是目前面临的主要问题。其次，一般市场秩序规制是针对较成熟市场中的行为，如垄断、不正当竞争等，它们都是市场机制发展到一定阶段而出现的背离市场竞争基本原则、损害市场竞争秩序的典型行为，而地票市场监管尽管也是针对有损市场竞争机制的地票交易行为，但是由于地票市场本身发展不成熟，市场机制的作用不健全，因而现阶段地票市场的垄断或者不正当竞争尚不突出，设计地票市场监管制度的目的更多是防范未来发展中可能出现的不当交易行为。

二、地票市场调控与监管的表现形式

整体而言，地票市场调控与监管是弥补地票市场机制运行不足的重要方式。其表现方式主要包括：

（一）地票供给计划

地票根源于农村建设用地使用权人自愿将建设用地复垦成耕地而新

增的建设用地指标，因而，地票供给在本质上反映的是建设用地使用权人的个别意愿与行为选择，未经其同意，不得强行进行土地复垦，这也就决定了维系地票市场可持续发展的关键在于为地票供给主体提供充分的产权保障与经济激励，使其有足够的动力为市场提供地票，而不能人为干涉地票供给。但是随着地票市场的逐步发展完善，地票收益分配机制的渐趋成熟，不仅地票供给的市场化步伐会明显加快，而且还可能带动地票价格、土地出让与房产开发成本的连锁上涨，因而，有必要对地票供给制订宏观计划，调节地票供给量、供给频率、供给方式，促进地票供给与需求保持大致均衡。

（二）地票储备

从广义上讲，地票储备也是地票价格调控手段的一种表现形式。但从严格意义上分析，相比于直接作用于地票价格的调控手段，地票储备是利用市场价量关系，间接对地票市场价格进行调控。地票储备最为重要的功能是调节地票供给，政府可以通过储备地票，在出现建设用地指标供给与实际需求矛盾时，采用转让或者购买地票的方式，刺激或者收缩建设用地供给，以此平衡市场用地实际需求，防止出现地票市场的失控局面。目前，在重庆市组织的30余场地票交易中，政府下属的土地储备机构积累了大量的地票，为利用地票储备手段调控地票市场提供了基础。合理规范地票储备行为，可以有力促进地票交易中土地资源优化配置，提高地票市场运行效率。

（三）地票交易财税调控

财税调控是宏观调控的重要手段之一，这不仅是因为财税调控是政府运用的宏观调控手段中作用力度较强、效果较明显的一种，财税调控手段的实施，是政府能否成功调控宏观经济的关键所在；而且还因为财税调控贯穿于宏观经济调控的相关领域,在引导金融、价格、投资等其他调控手段发挥合力方面起到重要的利益诱导的作用。在地票市场的孕育发展过程中,财税调控同样扮演重要的角色。以地票融资为例,挖掘地票的融资价值是发展地票交易二级市场的重要目的,地票持票人通过向银行等金融机构办理地票权利质押可以在短期内实现资金变现,降低持票风险,由此推动地票交易持续进行,这种地票市场的活跃度反过来又显化了地票潜在的融资价值,使金融机构更愿意接纳地票作为质押物,从而形成地票交易一级市场、二级市场的良性互动。但是实践中由于借贷双方信息不对称以及地票自身存在的变现风险,金融机构接纳地票权利质押的积极性并不高。在完全市场化的融资领域,单靠借贷双方主体的博弈显然还不能形成两级市场的良性互动。而财税调控通过向金融机构提供贴息或其他税收优惠,有利于降低金融机构的交易风险,促进地票融资流转。

(四)地票价格调控

地票价格的形成无疑应当立足于市场供需双方的自由博弈,但是地票市场又并非一个完全自由放任的市场,地票价格的形成机制仍然受到一定的外部约束。应当指出的是,这种外部约束不是行政性指令,更不是通过人为干涉阻碍市场化的价格形成机制发挥作用,而是依托市场机制以间接方式完成的宏观调控。因此,不少学者主张采用市场定价和政府调控相结合的原则确定地票价格。[①] 地票市场宏观调控的直接目标是保障地票价格在合理区间内运行,避免地票价格过高导致土地利用成本增加并使房地产消费者成为成本转嫁的承担者,同时也要避免地票价格过低导致地票供给的积极性被挫伤。在此基础上,地票市场价格调控应当着力实现地票价格与地票真实价值的协调问题。地票价格应当是地票价值的货币表现,包

---

① 郝利花、杜德权:“地票价格形成机制探讨”,载《价格理论与实践》2011年第8期。

括地票生产的成本及因放弃高收益用途的土地而获得的利益补偿。但是实践中农户得到的地票交易款项更多反映的是对生产成本部分的补偿,包括复垦费、实物损失补偿等费用,而地票交易中包含的资源价值、发展价值等利益补偿部分并未在地票价格中得到真实反映。

(五)地票交易市场绩效评估

地票交易市场绩效评估是指通过科学的方法对地票交易的经济效果和社会效果进行评定。通过分析地票交易市场运行历史和现状,分析影响地票交易目标实现的各种因素。筛选其中影响较为重大的因素作为地票交易市场绩效评估指标,并确立相应的权重,最终确定地票交易绩效评估模型。地票交易市场绩效评估作为地票市场调控的重要手段,其目的在于服务地票市场调控,为地票市场调控提供进一步完善的方向,是确保地票市场调控科学有效的重要保证。

(六)地票市场秩序维护

地票市场要获得持续稳定的发展除了依托必要的宏观调控机制之外,还有赖于市场监管机制的建立。地票市场监管的首要方式就是维护地票市场公平、自由的竞争秩序,确保市场主体的竞争机会均等,同时消除排斥、限制竞争的垄断行为。以地票市场的交易价格为例,支撑地票市场正常运转的核心是价格机制,地票供需双方依托市场这只“无形之手”进行自主竞价、自由转让,从而实现自身利益最大化,而一旦价格被人为操纵,则不仅损害特定交易主体的正当权益,而且破坏了正常的市场交易机制。因而地票市场上的价格违法行为与其他市场上的价格违法行为一样都属于对价格机制本身的扭曲,应当受到法律规制。

（七）地票信息公开

与地票交易相关的信息应当及时、准确、全面地向交易主体公开，这是保障地票交易主体知情权、监督权的重要手段，也是评判一个交易市场是否成熟完备的重要标志。要维系地票市场的持续稳定运行，应当为每一个交易主体提供交易安全预期，而确保地票信息公开就是实现这一目标的基本途径。然而，由于地票市场主体间信息分布不均衡，并且对于信息优势方而言维持不均衡的信息分布格局对己有利，因此，依赖信息优势方主动披露相关信息存在天然障碍，这就为建立强制性的地票信息公开制度提供了现实基础。

三、地票市场调控与监管法律制度的现状

总体而言，地票市场调控与监管法律制度存在缺位的现象。对于实践中的地票市场调控与监管行为，要么没有法律制度进行规定，要么相关法律制度并不具有针对性，在规制地票市场调控与监管行为方面可操作性较差。相关制度内容包括：第一，关于地票供给计划问题。《重庆农村土地交易所管理暂行办法》第19条规定："市国土资源行政主管部门依据土地利用总体规划、城镇规划，编制城乡建设用地挂钩专项规划，确定挂钩的规模和布局，经市人民政府批准后实施。"同时，《重庆农村土地交易所管理暂行办法》第26条规定："市人民政府对建设用地指标交易总量实行计划调控，每年度交易指标量要根据年度用地计划、挂钩周转指标规模和经营性用地需求情况，合理确定。"第二，关于地票交易财税问题。现行法律并没有针对地票交易税收问题进行专门规定，《重庆农村土地交易所管理暂行办法》仅仅规定了地票交易收费标准，该办法第31条规定："农村土地交易所按农村土地实物和指标交易额1%的比例收取交易服务费。"第三，

关于地票价格调控问题。《重庆农村土地交易所管理暂行办法》建立了地票交易价格指导制度与交易优先权保障制度。第25条规定:“市人民政府在综合考虑耕地费、新增建设用地土地有偿使用费等因素的基础上,制定全市统一的建设用地指标基准交易价格。”第30条规定:“农村土地交易价格低于基准价格时,土地所有者有优先回购权。”在确定地票交易基准价格方面,重庆市国土资源和房屋管理局于2011年发布了《重庆市国土房管局关于调整地票价款分配及拨付标准的通知》,该通知调整了地票价款拨付标准,确立地票交易的最低保护价为17.8万元/亩(其中农村建设用地复垦项目成本为3.7万元/亩,地票交易价款溢价最低分配标准为14.1万元/亩)。

四、构建地票市场调控与监管法律制度的意义

构建地票市场调控与监管法律制度的根本目的在于规范政府干预地票市场的行为,以此实现地票市场健康、有序发展。因此,构建地票市场调控与监管法律制度的重要意义集中体现在明确政府在地票市场中的定位。党的十八届三中全会报告指出,经济体制改革是全面深化改革的重点,核心问题是处理好政府和市场的关系,使市场在资源配置中起决定性作用和更好发挥政府作用。落实到地票制度中,则要求市场在控制因地票制度推行和改革引起的资源流向变动中起决定性作用,政府在调控以上资源走向的过程中起辅助作用,其目的在于为市场发挥上述决定性作用扫清障碍,定位于服务地票市场。因此,一方面,我们不能忽视政府在调控地票资源流向中的作用;另一方面,我们也要强调防止政府不当行使权力而对地票市场进行破坏。市场调控和市场监管是政府干预地票市场的两种最重要的手段,构建地票市场调控与监管法律制度最大意义在于通过发挥法律制度的强制性作用,将上述理念灌输到政府干预地票市场的活动中,使政府

与市场可以形成合力,推动地票制度的可持续发展,确保因地票制度创新而产生的制度福利在全社会范围内公平分享。具体而言,主要体现在以下三个方面。第一,可以明确政府介入地票市场的时间,减少政府干预地票市场的随意性。通过政府干预地票市场法律制度的构建,可以为政府调控和监管地票市场规定明确的介入条件,即明确规定,只有出现地票市场失灵、地票市场自身无法发挥资源配置功能之时,以此减少政府对地票市场进行不当干预的空间。第二,可以有效处理地票市场调控和地票市场监管两种干预手段之间的关系,为政府干预地票市场选择干预手段提供制度依据。相比于具有强制性、直接性、行政化特色的地票市场监管手段,地票市场调控手段对地票市场本身的干预力度较小,也更加符合市场决定性作用的要求。因此,政府干预地票市场的过程中,地票市场调控手段应当是常规手段,具有优先适用性。只有出现地票市场秩序严重混乱之时,地票市场监管手段才可适用。这既是对政府干预地票市场手段的限制性规定,也可以为政府干预地票市场提供制度指引,提高政府工作效率。第三,注重地票制度的阶段性特征,可以有效培育地票市场发展。以上是在一般意义上对构建地票市场调控与监管法律制度意义的探讨。与此同时,我们也必须正视地票制度的阶段性特征,正视地票市场的特殊性。总体而言,目前地票制度仍处于试点运行阶段,本质上是地方政府推行的土地制度创新,地票市场属于自上而下的建构型市场。因此,在地票制度运行初期,强调政府在地票市场中的主导性具有一定的合理性。构建市场调控与监管法律制度的目的并非排除政府对地票市场的干预,而是强调政府对地票市场的有效干预。在正视地票制度阶段性特征基础上构建的地票市场调控与监管法律制度,可以充分发挥培育地票市场的积极作用,为地票市场进一步发展提供制度空间。

五、地票市场调控与监管法律制度的构建

(一)地票供给计划法律制度

首先,应当预估一定时期内经济社会发展的基本趋势,结合土地利用总体规划、年度用地计划及地票潜在供应能力等多重因素,对年度地票供应量与规划范围内的指标供应量进行统筹规划,并设定增减变动的弹性调节机制。在双轨制并行的格局下,地票供给计划不应孤立进行,而应与既有的计划指标供应统筹协调。其次,根据事先规定的总量供给规划,确定地票市场阶段性的投放总量和节奏,合理分配各区县年度地票供应额度,控制地票核发的具体程序和步骤,防止出现供过于求或供不应求的现象。[①] 再次,分别制订年度内地票交易一级市场与地票交易二级市场的流通总量计划,加强对地票交易一级市场与二级市场的总量调控。《重庆农村土地交易所管理暂行办法》中规定的"对建设用地指标交易总量实行计划调控"仅仅是针对地票交易一级市场进行的总量控制,缺乏对二级市场的宏观调控,而在未来二级市场逐步放开的背景下,过度投机炒作的问题必然随之出现。对此,除了完善相关交易规则之外,应当建立包括二级市场总量控制在内的宏观调控机制。地票二级交易市场的流通量是受一级市场交易总量和地票落地率影响的,即"地票交易二级市场理论流通量=一级市场交易累计量-地票落地量",[②]因而,要制订地票交易二级市场的总量计划,应当依据一级市场交易累计量与地票落地情况,对二级市场可能的流通量进行测算。最后,对拟提交交易的地票打包方式做出规定,确

① 孙芬等:"关于开放地票交易二级市场的思考",载郑财贵主编:《重庆统筹城乡土地管理制度改革研究文集》,西南师范大学出版社2013年版,第169页。

② 覃琳:"地票交易二级市场构建思路研究",载郑财贵主编:《重庆统筹城乡土地管理制度改革研究文集》,西南师范大学出版社2013年版,第177页。

保地票供给类型的多元化。地票打包方式虽不涉及地票总量控制问题，但是由于不同的打包方式反映了地票的供给方式并在一定程度上影响地票市场部分主体的参与，导致事实上改变地票市场的供求关系，因而亦有必要对打包方式做出事先控制。地票的打包方式应当以多元化为基本原则，将既有的大额交易单位的地票细分为小额交易单位的地票，以便为市场主体的参与提供更多机会；在地票交易二级市场的发展中，还应当允许持票人根据市场需求对地票进行拆分，以加速地票流转。

（二）地票储备法律制度

首先，应依法确定地票储备机构，并明确其义务。地票储备是事关社会公共利益的行为，尤其是在地票制度推行初期，可以并且应当充分利用政府的力量储备地票。具体而言，储备地票的具体工作可以由地方政府土地储备机构负责执行。但是，为了明确土地储备机构的工作内容，还应依法明晰其义务，将储备地票与其购买的地票进行隔离，这也是区分土地储备机构市场行为和政府行为的关键点。其次，应依法编制地票储备计划。一方面，编制地票储备计划是地票市场宏观调控的重要组成部分，应将国土资源行政部门确立为地票储备计划编制的法定主体。另一方面，为了保证地票储备计划的科学性，应规定地票储备计划以地票供给计划为基础，并结合地票市场运行现状和土地储备机构地票储备量进行编制。最后，应依法明确地票储备手段的类型和每种类型的适用情形。地票储备手段主要包括地票常规储备和地票临时储备两种类型。地票常规储备是指根据国土资源行政部门编制的地票储备计划，法定的地票储备机构储备定量的地票。其主要适用于地票市场总体运行较为平稳之时；目的在于防范因地票供需矛盾而引发的地票市场运行风险；手段具有常规性，为地票临时储备手段的使用奠定一定的基础。地票临时储备是指当地票市场出现供给与需求矛盾，并且短时间内市场无法有效发挥调节作用之时进行的地票储备。地票临时储备手段的目的在于化解短期内地票供求失衡引发的地票市场运行风险。相比于地票常规储备手段,地票临时储备具有明显的应急性特征。当地票供求严重失衡,市场无法自愈时,通过转让或者购买地票的形式,弥补市场失灵。

(三)地票交易财税调控法律制度

财税调控包括财政收入与财政支出两大组成部分。作为财税调控手段的财政收入主要是指税收,通过征税领域、征税对象、征税比例等税收要素的设定及调整间接影响宏观经济;财政支出既是满足社会公共需要的一种重要职能活动,亦是实践中用于宏观经济调控的重要手段,国家根据经济社会发展情况的变化,通过选择并调整财政支出方式、规模或频率,来调节社会总供给与总需求之间的关系,从而实现宏观调控的目标。在地票市场上,税收与支出通过改变市场主体的收益成本间接影响地票供求关系。由于地票市场的财税调控主要体现在地票交易环节,因而,地票交易财税调控是法制建构的重心。

建构地票交易财税调控法律制度应当首先区分具有行政管理属性的收费与具有宏观调控属性的税收。行政收费是一种实践中较为普遍的非税收入形式,有关收费领域、收费比例、收费用途等内容主要涉及正当性、合理性问题。行政收费本身不具有宏观调控的属性,它是行政机关或事业单位因提供特定公共服务而按照成本补偿和非营利原则向特定服务对象收取的费用。根据《重庆农村土地交易所管理暂行办法》的规定,农村土地交易所按指标交易额的1%的比例收取交易服务费,这是地票市场收费的基本规范依据,但这一规定并不是地票交易财税调控制度的组成部分,不能承担规范财税调控的功能。相比于行政收费,税收征收既涉及正当性、合理性问题,亦可能作为宏观调控的一种手段,通过调整税收征收领域、征收对象、征收比例等内容对相关主体的经济收益与成本产生影响从而间接反映不同的宏观调控效果。而从包括《重庆农村土地交易所管理暂行办法》在内的相关规范看，重费轻税的问题较为普遍，对于如何在保障税收征收的正当性与合理性前提下利用税收杠杆实现地票市场调控目标尚缺乏全面认知。基于此，应当分别构建地票交易的行政收费制度与财税宏观调控制度，确保地票交易税费功能的清晰定位及相关制度的规制目标。例如，地票交易服务费的功能定位是筹集用于交易平台发展和服务完善的支撑费用，相关制度的规制目标是实现收费标准、收费程序、收费用途的正当性与合理性；地票交易财税调控的功能定位是调节地票市场供求平衡，相关制度的规制目标是财税调控的正当性与合理性。其次，明确地票交易财税调控的主要方式。在地票市场上，向特定主体提供财政补贴，或者就地票交易行为、交易所得征收税收都可以作为财税调控的有效方式。但是应当注意，在学理上，财税调控奉行法定主义，即作为财税调控的依据应当是全国人大或其常委会制定的法律，即使按照全国人大对行政机关的税收立法授权，作为财税调控最低位阶的规范依据亦应是行政法规，而地票制度供给在相当程度上是地方行政主导的产物，仅以地方性法规或者地方政府规章的形式制定地票交易财税调控措施势必有违财税法定的基本原则。在当前地票交易尚未推广到全国而只是作为一种地方性模式的基本背景下，依赖于国家自上而下地推动财税改革从而建立地票交易财税调控的制度框架无疑存在障碍，因而，更为现实的选择是：一方面，将地票交易环节中的相关行为或者因交易产生的所得纳入既有的税制格局中，按照营业税、印花税、所得税的课税要素对符合条件的地票交易应税对象进行课征，使地票市场上的相关主体与其他市场上的交易行为遵从一体化的税收调控制度；另一方面，地方政府可以发挥在财政支出方面的能动性，通过财政补贴的方式降低市场主体的交易成本，为市场主体参与地票交易提供激励。相比于税收征收，财政支出的调控方式亦须强调法定主义，但是财政支出之法定主要体现在预算法定上，即政府动用的财政资金应当来自于事先经同级人大批准通过的预算案，未经人大授权不得支配财政资金，而资金使用的具体目标、数量、方式等则属于行政裁量的范围。在地票市场上，地方政府可以在同级人大授权的一定额度范围内将资金用于宏观调控，这既有利于解决法定主义难题，亦体现了宏观调控的行政能动性，可以作为地票交易财税调控的主要方式加以规定。

（四）地票价格调控法律制度

地票价格调控是地票市场宏观调控的重要内容。正如同在一般宏观调控过程中，物价稳定是作为首要的目标指向，在地票市场上，维持地票的价格稳定同样是地票市场宏观调控的基本使命。地票价格调控法律制度的构建可以仿照《价格法》的规定，引入针对地票市场的价格监测、基准价设定、价格干预、价格紧急措施制度。一是地票市场的价格监测制度。价格监测是对一定时期内商品价格变动水平及其发展趋势做出判断和预测的制度，其主要作用是分析影响商品价格变动的各种因素并为是否采取或者采取何种调控措施提供信息基础。因而，价格监测本身既是一项持续开展、贯穿于整个经济运行过程、常态化的调控制度，亦是其他调控措施的不可或缺的基础条件。地票作为一种建设用地指标，受年度建设用地计划、经营性用地需求、地票存量等多种因素的影响，其价格会呈现周期性波动，因而需要通过价格监测事先收集地票价格变动的相关信息，以便为下一阶段采取更具体的行动提供依据。地票价格监测制度的主要内容包括地票价格监测主体、监测内容、监测程序等。根据目前地票交易实践情况，可以设计双重监测主体结构，即由国土资源行政主管部门负责总的监测工作，制定监测具体实施办法，由农村土地交易所负责日常监测，分析地票交易价格及市场供求的变动情况；跟踪反馈价格政策和措施的执行效果；实施价格预警，并及时向市国土资源行政部门提出建议。同时，还应建立地票市场的价格监测指数制度。选定监测指标作为常量，根据监测工作统计的监测结果,编制地票价格监测指数。地票价格监测指数可以为市场交易和市场监管提供更加直观的地票价格形势变化情况,通过量化的数据反映地票市场真实行情。二是地票市场的基准价制度。地票市场的交易价格并不是完全的市场自主定价,而是在政府指导定价基础上由参与交易主体通过拍卖或者其他竞价方式确定,地票市场的基准价制度的意义就在于为地票价格的市场化形成机制设定一个适度干预的介入点。该制度的内容主要包括基准价的设定及变动的标准、方式与程序。基准价的设定及变动标准应当在现行规定列出的“区域经济社会发展水平”、“城乡规划与建设”、“土地市场状况”等概括性因素基础上进一步细化,同时建立地票市场与土地出让市场的价格关联机制,将前期的地票价格、土地出让价格及其变动情况作为设定或调整基准价的参考标准。此外,基准价的设定或变动属于公共政策范畴,应当遵循一般公共政策制定的程序要求,保障利益相关者的知情权与监督权。三是地票市场的价格干预与紧急措施制度。《价格法》规定了发生价格异常波动(如价格显著上涨或剧烈波动)的紧急情况下政府有权采取的措施,包括限定差价率或利润率,规定限价,实行提价申报和调价备案以及临时集中定价权限,部分或全面冻结价格等。由于地票市场实行基准价加市场竞价的定价机制,因而可以引入限价、集中定价权或冻结价格的措施。地票市场价格干预与紧急措施均属非常态的价格调控机制,应当严格限制其适用范围与实施程序。

(五)地票市场秩序维护法律制度

主要针对地票市场可能出现的价格违法行为、不正当竞争行为、垄断行为制定监管规则。其内容包括:一是就地票市场上价格违法行为、不正当竞争行为或垄断行为作出概括性规定,并列举其可能的典型表现。地票市场价格违法行为的典型表现如单独或者合谋利用资金优势操纵地票交易价格;与他人串通,以事先约定的时间、价格和方式进行地票交易,影响地票交易价格等。地票市场上的不正当竞争与其他市场上的不正当竞争亦具有相同的本质属性,即违背诚实信用等公认的商业道德或者商业惯例以获取竞争机会的行为。地票市场上的不正当竞争行为与价格违法行为可能重合。其典型表现可以在《反不正当竞争法》规定基础上结合地票市场特点作出规定,如通过贿赂手段获取地票交易机会,串通地票竞拍等。随着地票市场竞争机制的日益发展,还有可能出现地票供给方联合订立固定价格协议或者采取联合行动控制地票供应量等排斥、限制市场竞争的垄断行为。基于此,应当通过事先建立地票市场秩序维护法律制度保障地票市场竞争机制的健康持续运行。二是构建地票市场监管体制,明晰相关机构的监管权限并形成机构间的沟通协作机制。首先,作为组织地票交易的专门平台——重庆农村土地交易所应当承担日常的市场监管职责,其负责通过及时跟踪、整理地票市场价格信息,监测市场价格异动以及可能出现的不正当竞争或垄断情形,但是土地交易所并不直接做出行为认定乃至责任处置,而是向市国土资源行政管理部门做出处理的建议。其次,市国土资源行政管理部门负责对具体地票交易行为进行监管,并有权做出行为认定与责任处置。同时,遵循其他行政权力运行机制的一般原则,允许行政相对人就具体行政决定提出异议,因此,在地票市场监管体制中亦有必要赋予地票交易参与主体提起行政复议或行政诉讼的权利。最后,考虑到市场监管的传统权力主体是工商行政管理部门,其在认定市场不正当竞争或垄断行为方面积累了较丰富的经验,并且地票市场上的不正当竞争、垄断与一般市场上的行为相比具有共性,因此,可以就地票市场监管建立市国土资源行政管理部门与工商行政管理部门的沟通协作机制,促进地票市场监管体制的成熟和完善。三是建立地票市场监管法律责任体系。地票市场监管法律责任包括监管者的责任与被监管者的责任两个部分,其中监管者的责任又可进一步划分为因不作为承担责任与因不当作为承担责任,如地票行政管理部门不依法履行职责,对违反相关规定的行为不依法查处,或者不按照规定处理投诉的,直接负责的主管人员和其他直接责任人员应当承担法律责任;如涉及行政管理人员徇私舞弊、滥用职权、玩忽职守,涉嫌犯罪的,则依法移送司法机关。被监管者的责任主要体现在采用不正当手段竞买地票或出让地票应当承担的法律责任,该法律责任的形式除了传统的行政处罚之外,还应当设计交易禁入的资格罚及赔偿损失的财产罚,如规定违法行为人暂停一年地票交易资格,对地票生产者等相关当事人造成损失的,依法承担赔偿责任。

(六)地票交易信息公开法律制度

目前,有关地票交易信息公开的内容仅限于十分原则的规定,有待进一步完善的内容包括:一是明确地票交易信息公开的义务主体。在现有制度框架下,重庆农村土地交易所承担了地票交易组织平台的责任,因而,地票交易的相关信息最有可能亦最集中地汇聚到这个交易平台上,由该交易平台作为地票交易信息公开的义务主体具有合理性。但是应当注意的是,地票持票人是地票信息的初始提供者,地票交易平台作为信息的汇聚地负有对来源信息的审查义务,作为信息的初始提供者毫无疑问应当担负基本的信息真实性的保障义务。二是明确地票交易信息公开的内容。关乎地票交易能否正常推进的相关信息应当都属于公开范围,如地票登记簿上记载的地票基本信息(包括地票编号、复垦为耕地的面积、面积计算单位、签发机关的签章和签发日期)、地票最小交易单元、地票价格、地票数量、地票竞买人信息等,而涉及地票初始权利人,即农村建设用地使用权人的信息则不属于公开范围,这与地票制度本身的设计理念相关。地票的产生的确须立足于农村建设用地使用权人启动复垦程序,这是保障地票真实性的应有之义,但是地票一旦产生后便与原初的、具体的建设用地使用权分离而表征一种新的权利——土地用途变更权,因而,一方面,在地票登记簿上显示的地票基本信息并不包括建设用地使用权人的信息内容。另一方面,建设用地使用权人的基本信息也对地票交易本身不会产生影响，不属于地票交易必须公开的信息范畴。三是明确地票交易信息公开的时间及可得途径。根据地票交易信息内容的不同，公开的时间要求亦有所差异，如地票最小交易单元应当是在开市前公开，地票交易价格、数量、地票竞买人信息应当在交易过程中适时公开，地票登记簿上的信息则应当全程公开。为了便于地票交易主体了解相关信息，应当明确规定查询途径及建立通畅的反馈机制，及时处理信息公开中的各种问题，保障交易主体的知情权。

（七）地票交易市场绩效评估法律制度

建立地票交易绩效评估法律制度的关键是依法确立地票交易绩效评估标准。地票交易市场绩效评估的核心指标应为地票交易成本、地票交易收益和地票交易风险三类。每类指标都应包含经济指标和社会指标两类，而后一类指标的量化问题是难点问题。以地票交易市场风险为例，可以划分为耕地保护风险、国家宏观调控风险、房地产市场冲击风险、统筹城乡风险和农民权益风险五类。每种风险又可再进行细分。例如，可将耕地保护风险分为不利于占补平衡风险和不利于耕地总量动态平衡风险。[①] 在细化各类指标的基础上建立指标评价体系，并确定各指标综合权重，最终形成地票交易市场绩效评估模型。

为强化地票交易市场绩效评估制度的落实，在实践中应将此评估模型确立为地方政府政绩考核的指标之一，并规定指标考核的约束效力，如在地票交易市场绩效评估中连续2年不合格的地区，责令其限期整改地票交易工作；整改后仍不合格的，暂停此地区地票交易。

---

① 陈晓军：“重庆地票制度风险评估研究”，载《中国人口·资源与环境》2012年第7期。

第九章　地票交易平台运行法律制度

一、重庆农村土地交易所运行法律制度现状

重庆市在2007年经国务院批准成立国家统筹城乡综合配套改革试验区后，加快了土地流转方面"先行先试"的改革步伐，尤其针对城乡建设用地供求失衡的现状，积极探索城乡建设用地指标增减挂钩的实践方案，并提出了成立土交所的框架构想。2008年8月，国土资源部与重庆市政府签订战略合作协议，支持重庆市探索土地利用新机制和耕地保护新模式，支持重庆设立农村土地交易所。2008年11月《重庆农村土地交易所管理暂行办法》正式颁布，标志着土交所的运行具备了法律依据。2008年12月4日，全国首家农村土地交易所宣告成立。重庆农村土地交易所自成立以来，成功组织多场地票交易，成交价款超百亿元，在优化城乡建设用地布局、促进城市反哺农村、保障耕地等方面发挥了重要作用。目前，较为

全面地规范重庆农村土地交易所运行的制度为《重庆农村土地交易所管理暂行办法》。

首先,该办法第5条将重庆农村土地交易所定位为地票市场的监管服务机构,规定重庆农村土地交易所的领导机构为重庆农村土地交易所监督管理委员会,其工作应受市国土资源、农业、林业等行政主管部门指导。同时该条还规定了重庆农村土地交易所的职能,包括建立农村土地交易信息库、发布交易信息、提供交易场所和办理交易事务。其次,《重庆农村土地交易所管理暂行办法》第24条确立了地票交易规则,将农村土地交易所规定为地票交易申让方的资格条件审查主体,同时规定,重庆农村土地交易所应将审查合格的待交易指标纳入信息库,并及时向社会发布。最后,《重庆农村土地交易所管理暂行办法》第31条第4款规定了农村土地交易所收取交易服务费的标准。除《重庆农村土地交易所管理暂行办法》外,重庆市国土资源和房屋管理局于2013年印发的《优化农村建设用地复垦及地票交易流程方案的通知》也为规范重庆农村土地交易所运行提供了制度依据。如规定重庆农村土地交易所负责公正、公平、公开组织地票交易,及时准确拨付价款。同时,为了明晰优化后的复垦和地票交易流程,《优化农村建设用地复垦及地票交易流程方案的通知》的附件中还制定了复垦和地票交易流程设计表,在该设计表中,详细列举了复垦和地票交易的各个步骤,并规定了相应的责任主体。其中,根据该设计表的内容,重庆农村土地交易所作为地票交易受理申请环节、组织地票交易环节(包括拟定地票交易方案、交易方案会审、发布交易公告、接受竞买单位报名、组织地票交易、与竞得人签订成交确认书、竞得人支付地票价款等环节)、地票交易价款结算环节(包括结算成交均价、向区县国土部门核发成交通知书等环节)、地票交易价款核算环节(包括核算直拨价款、报签、直拨价款公示等环节)和地票价款划拨环节的责任主体。重庆农村土地交易所还作为监管主体负责审核价款划拨环节中的地票交易信息。

二、重庆农村土地交易所发展前瞻——打造全国地票交易中心的战略选择与现实意义

重庆市这种以土地交易所为基本载体、以地票交易为核心内容的农村土地流转制度改革为推进城乡统筹发展、优化城乡土地资源配置提供了重要借鉴,具有积极的推广价值。土交所作为实施地票交易的基本载体,是成功运作地票交易制度的组织基础,对于规范交易行为、提升交易规模、扩大交易影响、保障农民利益具有显著成效,是促进重庆从区域性的制度创新走向全国制度推广的重要助推器。在此背景下,结合已有的实施基础,有必要进一步扩展重庆市的地缘优势与战略地位影响,将重庆农村土地交易所打造成全国地票交易中心,这将使重庆市占据跨区域调配地票资源、主导地票定价的战略高地,不仅有助于进一步推动土交所相关制度的健全,而且对于促进重庆市经济社会发展势必产生深远影响。

(一)实现国家层面宏观调控的需要

地票是在实现土地占补平衡的基础上,通过复垦产生的节余用地指标的权利化凭证。地票制度的核心是通过形成建设用地指标,调节建设用地供求格局。因而,地票市场与下游的房地产开发交易市场及宏观经济运行之间存在高度关联性。地票供应量、地票来源结构、地票价格形成、地票交易秩序等因素不仅涉及区域性的城乡建设用地的供求平衡问题,而且也对房地产行业发展进而对宏观经济运行产生深远影响。成立全国地票交易中心有利于从地票总量、结构、价格和市场秩序等方面加强国家层面的宏观调控。同时,将重庆农村地票交易所打造成全国地票交易中心,可以为中央的宏观调控决策提供集中的信息窗口,提高信息征集的效率。地票制

度涉及农村建设用地复垦制度、农村集体土地征收制度、城市建设用地使用制度等,在地票制度运行过程中产生的交易信息,可以集中反映我国土地开发用地的需求和供给现状。但是目前地票运行范围局限于重庆市内,重庆农村土地交易所仅仅服务重庆市内的地票交易,因此,相关信息的反馈作用有限。成立集中统一的地票交易中心,有利于将各地分散的交易信息进行整合汇聚,从而为中央的宏观调控决策提供更直接、更便利的信息依据。直观的信息平台,可以大幅度提升政府有关部门征集信息的工作效率。作为一种稀缺性资源,地票交易产生的相关信息也具有通过市场实现资源优化配置的可行性和必要性。搭建全国性地票交易平台正是其实现指标信息资源优化配置的重要路径。

(二)扩大地票供应来源,调剂区域性的地票供求矛盾

局限于区域性地票交易的土交所,很有可能因地票形成的条件约束等障碍,造成地票供应不足、地票交易萎缩或不稳定的局面,不利于维持交易市场的竞争活力与持续稳定性。"如果地票可以给地票持有者带来可以预期的价值,则地票的交易价值就有了基础,按照市场的供需关系最终可以形成市场价格。"①但是,如果缺少地票交易的平台或者地票交易平台的辐射范围过窄,均会阻碍地票的流转。成立全国地票交易中心后,可以实现在全国范围内调度地票资源,有利于缓解区域性的地票供求矛盾,保障地票交易的稳定性。例如,"目前上海市土地需求缺口很大,中央政府每年下达的新增建设用地指标难以满足其发展需求。因此,将重庆地票跨区域流转供上海地区落地使用可行性较大"。② 建立全国地票交易中心后,可以为地票跨区域交易提供可能,可以实现全国范围内调剂地票供求矛

① 郭振杰、曹世海:"'地票'的法律性质和制度演绎",载《政法论丛》2009 年第 2 期。

② 马智利、宁盼盼:"重庆市地票跨区域流转使用制度设计——以重庆市与上海市跨区域流转为例",载《中国房地产》2014 年第 6 期。

盾,促进土地资源优化配置局面的形成。

(三)形成合理市场竞争,提高政策透明度

"由于'指标挂钩'交易要求在选定的项目区内封闭式运作,对于建设用地指标的需求方和供给方来讲,双方都没有其他可选择的交易方。这样一种交易就类似于双边垄断的市场结构,市场缺乏竞争性,定价也缺乏效率,往往成为买卖双方谈判力的结果。"①相比于建设用地增减挂钩制度,地票交易制度突破了项目区的范围限制。通过搭建土交所,为全市地票交易提供平台。但是,土交所平台仍然具有区域性,并没有完全解决建设用地增减挂钩制度的弊端。区域性的农村土地交易所提供的交易规则及相关服务往往带有较浓厚的地方行政管理色彩,在地票形成、交易及收益分配的各个环节,地方政府都占据明显的行政主导地位,而农民及地票竞买者的选择余地较小,因而,地票市场本身的竞争度是较低的。这也造成相关政策不透明,尤其是在地票来源结构、地票基准价定价机制方面相关信息披露不充分。成立全国地票交易中心后,可以将各地的地票相关信息置于同一平台向利益相关者公示,有利于扩大利益相关者的信息来源,增加自由选择的空间,推动地票市场形成合理竞争。

(四)推动建立全国层面的建设用地指标的单一供应机制

实行地票交易后,建设用地指标获取的"双轨制"仍不同程度地存在,即传统的行政直接下达用地指标的方式,与经地票交易获得用地指标的方式同时存在。如何增强地票交易的吸引力、提高地票交易的规模,这是农村土地交易所运行中必须面对的问题。而成立全国地票交易中心有利于

---

① 周立群、张红星:"农村土地制度变迁的经验研究:从'宅基地换房'到'地票'交易所",载《南京社会科学》2011 年第 8 期。

增强土交所的影响力,扩大土交所的服务辐射范围,提升地票的流动性。可以说,建立全国统一的地票交易中心,可以倒逼我国建设用地指标供应机制的完善,进一步推动我国建设用地使用制度的市场化改革。

三、将重庆农村土地交易所打造成全国地票交易中心的现实基础

(一)交易平台及交易模式具有开创性且运行状况良好

一方面,重庆农村土地交易所作为在全国率先开展地票交易的专业交易平台,在其组织形式、运作机制、交易模式等方面的实践经验具有开创性,为其他地方的地票交易提供了重要范本,为在全国推广地票交易模式、促进城乡统筹发展奠定了制度与实践的基础。“虽然‘地票’尚未在全国大范围复制,但从重庆范围内来看,‘地票’获得了多方认可,其融合了占补平衡、耕地保护、城乡建设用地统一市场、城镇化等多个重要命题,或为未来中国农村土地改革的重要蓝本。”①另一方面,重庆农村土地交易所已经形成一定地票交易规模,并且,产生了良好的经济影响、社会影响。重庆农村土地交易所自2008年年末成立以来,积极推进地票交易,根据重庆农村土地交易所官方网站显示,截至2015年5月,已成功组织地票交易39场,交易的土地面积超过15万亩,为探索农村土地利用制度改革提供了宝贵经验,在促进农村产业发展、提高农民对土地增值收益的分享、推动城乡统筹发展等方面产生了积极影响。

① 刘向南:“农村土地改革系列报道之一:地票六年”,载http://www.cb.com.cn/investigation/2015_0501/1128531.html,访问时间2015年6月7日。

(二)契合国家宏观政策的基本导向

重庆地票制度承接国家城乡建设用地增减挂钩制度而来。城乡建设用地增减挂钩制度由来已久。早在2000年6月,国务院就颁布了《关于促进小城镇健康发展的若干意见》,该意见提出,为了推进小城镇建设,鼓励农民进城购房或集中建房,节约出来的宅基地可以用于小城镇建设。2004年10月,国务院又发布了《关于深化改革严格土地管理的决定》,该决定明确提出城乡建设用地增减挂钩的概念,该决定指出,“鼓励农村建设用地整理,城镇建设用地增加要与农村建设用地减少相挂钩。”国家注重改革的阶段性,为了稳妥推进城乡建设用地增减挂钩工作,国土资源部于2008年6月颁布了《城乡建设用地增减挂钩试点管理办法》,布署了城乡建设用地增减挂钩试点工作的各项内容。相比于城乡建设用地增减挂钩制度,重庆地票制度突破了挂钩的县域限制,全重庆市范围内均可以进行城乡建设用地增减挂钩,这就需要在重庆市建立统一的地票交易场所。为了顺应这一发展趋势,2009年2月,国务院发布《关于推进重庆市统筹城乡改革和发展的若干意见》,明确指出“设立重庆农村土地交易所,开展土地实物交易和指标交易试验,逐步建立城乡统一的建设用地市场,通过统一有形的土地市场、以公开规范的方式转让土地使用权,率先探索完善配套政策法规”,从中可以看出,中央对于设立重庆农村土地交易所不仅寄予改革示范的厚望,而且提出了未来建设城乡统一的建设用地市场的发展要求。而在重庆农村土地交易所的基础上成立全国地票交易中心是契合以上一系列政策导向的重要举措,有利于整体协调、全面推进各地建立城乡统一的建设用地市场,实现从地区示范到全国推广的政策目标。

(三)符合重庆市自身的重要战略地位

1997年6月,重庆市成为中西部地区唯一直辖市。2007年6月,重庆市又被国务院批准设立全国统筹城乡综合配套改革试验区。重庆市在促进区域协调发展和推进改革开放大局中具有重要的战略地位。同时,重庆集大城市、大农村、大库区、大山区和民族地区于一体,其复杂的地理生态以及肩负的统筹城乡发展的历史使命使其能够对相当范围内处于不同发展水平或层次的地区产生影响,后者可以从重庆的发展路径尤其是土地利用的创新实践中汲取适合于本地区的有益经验。在重庆农村土地交易所的基础上成立全国地票交易中心,可以充分利用重庆重要的战略地位资源,促进城乡统一的建设用地市场尽快形成。

四、将重庆农村土地交易所打造成全国地票交易中心的主要障碍

(一)重庆农村土地交易所运行经验不足

目前重庆农村土地交易所整体运行状况良好,自 2008 年 12 月成立并组织首场地票交易以来,重庆农村土地交易所 7 年间已经成功组织地票交易近 40 场,积累了较多的经验。但是,不可回避的是,重庆农村土地交易所具有特殊的成立背景,这使相关制度改革呈现渐进性特征。重庆农村土地交易所的成立是全国统筹城乡试点改革的产物。在成立之初至今,关于地票制度是否可以有序运行、是否值得向全国推广的问题尚处于探索阶段。土地利用机制改革涉及重大社会公共利益,并非一蹴而就,保持改革的渐进性十分必要。因此,就目前而言,将重庆农村土地交易所打造成全国地票交易中心,重庆农村土地交易所运行经验仍显不足,有待进一步考察。

(二)地票交易制度存在障碍

1. 地区间地票交易制度差异较大。自重庆市推行地票制度以来,全国若干地区根据地方实际,也陆续制定了适用于本地区范围内的地票制度。例如,2010 年 7 月 28 日,成都市人民政府办公厅转发了成都市国土资源局等部门制定的《关于完善土地交易制度促进农村土地综合整治和农房建设工作实施意见(试行)》,此意见为了推进城乡统筹发展,建立了建设用地指标和耕地占补平衡指标交易制度,对指标的产生、指标的取得、指标的交易、指标的使用、农民集体和农户出让指标的收益分配等问题做了较为详细的规定,成为规制成都市地票市场发展的基础性规范。同年 8 月 5 日,成都市国土资源局发布了《关于实行国有经营性建设用地使用权"持证准入"制度的公告》,对地票的使用问题进行了细化。为了对持证准入制度进行进一步阐释,成都市土地拍卖中心又于当年 8 月 21 日,发布了《持证准入须知》。面对成都市地票市场出现的交易价格畸高情形,国务院曾叫停了成都市地票交易。经过整顿,2011 年 4 月 13 日,成都市国土资源局发布了新版的《关于完善建设用地指标交易制度促进农村土地综合整治的实施意见》,建立了"持票准用"制度。又如,2012 年 8 月 22 日,国土资源部批复同意《广州市城乡统筹土地管理制度创新试点方案》,赋予广州市国家中心城市的土地管理权限和 19 项先行先试优惠政策,其中一大亮点是赋予了广州市开展地票交易的试点权,继重庆市和成都市之后,广州市成为了全国第三个拥有地票试点权的城市。为了进一步落实《广州市城乡统筹土地管理制度创新试点方案》,同年 11 月 21 日,广州市人民政府发布了《广州市城乡统筹土地管理制度创新试点方案的实施意见》。该意见指出,探索运用市场化手段配置土地整治节余用地指标。通过开展政策调研,制定市场流转土地整治节余用地指标的配套政策,建立用地指标流转市场。规定了任务完成时间,并明确市国土房管局为该项工作的牵头单位，市发展改革委、建委、农业局为该项工作的配合部门。除了以上三个全国性地票试点城市外，个别省市也建立了相应的地票制度。例如，2012 年 2 月 23 日，江苏省宿迁市地票交易中心正式挂牌成立，“通过成立市地票交易中心，宿迁市在全国首创把非农建设补充耕地指标和国家下达城镇村新增建设用地指标纳入地票交易，实现建设用地指标在市区范围内、非农建设补充耕地指标在市域范围内的有偿调剂使用。”①此外，2013 年 8 月 12 日，宣城市人民政府在安徽省率先出台了《地票交易规则（试行）》。根据《地票交易规则（试行）》的规定，地票可以分为绿票和红票。“其中，绿票即农用地转用计划指标和城乡建设用地增减挂钩周转指标，交易范围为宣州区区域；红票即耕地占补平衡指标，交易范围为宣城市市域。根据地票市场供需状况，由市地票交易领导小组集体确定地票交易底价，报经市政府批准后执行。所有地票进入市招投标中心采取挂牌方式公开交易。”②纵观以上各地区制定的地票制度，具有明显的地域性特征，各地区地票制度的内容差异较大，而建立全国统一的地票交易中心需要适用较为统一的地票制度，各具特色的地票制度成为了阻碍全国统一市场的建立。

2. 重庆市地票交易制度有待完善。将重庆农村土地交易所打造成全国地票交易中心的直接目的在于进一步推广地票交易制度。因此，建立完善的地票交易制度成为打造全国地票交易中心的前提性条件。但就目前而言，重庆市的地票交易制度本身存在较多缺陷，从地票形成、地票交易、地票收益分配、地票使用、地票登记等环节在内的整套地票交易制度都存在一定弊端，削弱了地票交易的吸引力与示范性，进而不利于地票交易市

---

① 熊磊、罗冠军：“宿迁全省率先启动地票交易”，载 http://www.suqian.gov.cn/cnsq/tpxw/201202/5e8b66686a5b4af9b4d46690c29a61d8.shtml，访问时间 2015 年 6 月 5 日。

② “市政府出台地票交易规则”，载 http://www.xuancheng.gov.cn/content/detail/53d71972d55d501e44d3546a.html，访问时间 2015 年 6 月 5 日。

场的健康有序运行，这与搭建全国地票交易中心所需的健全的交易制度基础不相适应，成为打造全国地票交易中心面临的最大障碍。

（三）重庆农村土地交易所自身存在若干制约因素

1. 重庆农村土地交易所缺少自主决策权。目前，重庆农村土地交易所服务于重庆市范围内的地票交易活动，是受重庆市地方政府管理的地票交易平台。因此，其地方行政管理色彩较为浓厚。将重庆农村土地交易所打造成全国地票交易中心，需要地票交易平台扩展其业务范围，服务于全国地票交易活动。在现行制度和事实层面，重庆农村土地交易所均不具有独立决策的法律地位，在地方政府严格管制下的重庆农村土地交易所无法自主发挥其统一服务全国地票交易市场的功能。

2. 重庆农村土地交易所职能定位存在缺陷。依照《重庆农村土地交易所管理暂行办法》的规定，重庆农村土地交易所的职能仅仅包括建立指标交易信息库、发布交易信息、提供交易场所和办理交易事务。职能定位过于狭窄，尚无法担当全国地票交易中心的重任，重庆农村土地交易所的职能定位有待完善。

3. 重庆农村土地交易所治理结构不合理。一方面，现有制度架构下的重庆农村土地交易所，其内部治理结构尚未充分发挥作用。第一，重庆农村土地交易所组织架构过于简单。目前，重庆农村土地交易所仅下设办公室、财务部、发展研究部、交易业务一部、交易业务二部五个部门。缺少对于服务地票市场十分重要的其他独立部门，如推动地票二级市场发展的二级交易部、解决地票市场信息不对称问题的信息部以及评价地票市场绩效的评估部等。第二，《重庆农村土地交易所管理暂行办法》并没有对土交所内部治理结构问题进行规定，各部门开展工作时缺少制度依据。另一方面，重庆农村土地交易所监管制度也存在问题，外部监管机构也未能有效发挥作用。根据《重庆农村土地交易所管理暂行办法》的规定，重庆农村土地交易所的监管主体包括重庆农村土地交易所监督管理委员会、市国土资源部门、农业部门、林业部门等。多元化的监管主体之间并没有建立明确的协调机制，造成土交所与外部多个行政监管主体之间的关系尚未完全厘清。

4. 现有资金与技术条件尚不成熟。从区域性的地票交易平台跨越到涵盖全国的地票交易中心，需要大量的资金支持与相应的技术条件和措施。目前重庆农村土地交易所的资金来源主要为市政府的财政投入及收取的交易服务费，对于运作全国地票交易中心而言尚显不足，而且重庆农村土地交易所收取交易服务费的标准有待商榷。既有的技术条件、人才资源也不能适应全国地票交易中心的发展需要。

此外，不可回避的是，重庆农村土地交易所具有特殊的成立背景，这使相关制度改革呈现渐进性特征。土交所的成立是全国统筹城乡试点改革的产物。在成立之初，关于地票制度是否可以有序运行、是否值得向全国推广的问题尚处于探索阶段。土地利用机制改革并非一蹴而就，保持改革的渐进性十分必要。

五、完善农村土地交易所运行机制的法律对策

为了解决重庆农村土地交易所运行经验不足的弊端，一方面，需要借鉴其他地区地票交易平台实践经验；另一方面，也仍然需要重庆农村土地交易所在今后的运行过程中，注重自身经验的总结，这将在很大程度上决定土交所转型成为全国地票交易中心的时间。而为了解决地票交易制度存在的缺陷，需要在借鉴其他地区地票交易制度的基础上，完善重庆地票交易制度，并分步骤地统一全国地票交易制度。如鉴于成渝两地相近的地理位置以及相似的地票制度运行时间，可以首先统一成渝两地的相关规定，作为西南地区统一适用的地票交易制度。待时机成熟之时，再与其他

地区地票交易制度进行融合，最终建立全国范围内统一适用的地票交易制度。本章重点讨论的问题是如何完善重庆农村土地交易所自身运行机制。希望通过修改现有规定，完善土交所基本职能和内外部治理结构、强化交易平台对地票交易的服务与监管，为搭建全国地票交易中心提供坚实的组织基础。具体而言，主要包括以下几个方面的完善措施。

（一）加强土交所独立决策的法律地位

要将重庆农村土地交易所打造成全国地票交易中心，首先应当逐步淡化其地方行政管理色彩，使其不局限于为个别地方的地票交易提供组织平台，更能服务于全国范围内的地票交易供需主体。为此有必要进一步加强重庆农村土地交易所独立决策的法律地位，赋予其在地票交易过程中充分的自主决策权，包括：与地票供需双方商谈，评估地票生产及交易的基本规模；拟订地票交易的年度计划；拟定地票打包方式与竞价方式；为政府监管部门制定交易基准价提供参照信息；接受地票交易申请并安排地票交易的场次、数量；制定、完善地票交易的具体规则；任免和考核重庆农村土地交易所内部工作人员。

（二）拓展土交所全程参与的监督职能

作为未来服务于全国地票交易市场的组织平台，重庆农村土地交易所应当全程参与地票形成、交易、票款支付、指标落地、二级市场拓展的整个运行过程并进行实时、动态的跟踪监督。第一，赋予土交所在复垦、验收环节的监督职能。土交所提前介入耕地复垦与验收环节，首先，有利于保障地票形成环节的信息真实性，为合理安排地票交易进度、提高地票交易成功率提供必要的事实基础；其次，有利于实现地票交易的政策初衷，即尊重农民意愿、确保农村耕地的数量与质量；最后，有利于对土地整治中心在复垦验收中的权力进行制约，鉴于目前土地整治中心事实上垄断耕地复垦与验收事务,土交所的提前介入有利于实现相互监督与权力制衡,从而避免权力过度集中带来的弊端。此外,为提高地票基准价格制定的科学性与准确性,应当赋予土交所对复垦土地的评估定级的职能。第二,增强土交所在地票交易环节的监督职能。土交所是地票交易的直接场所,通过立法赋予并增强土交所对地票交易行为进行监督的职能,对于保证地票交易公平、公开、公正进行至关重要。其中,土交所监督职能的重点是确保地票交易过程的公开透明。在地票交易开始前,土交所应当将拟交易的地票亩数、基准价格、交易时间、具体交易场所等信息通过官方网站、交易所电子屏幕等便捷渠道进行发布。在地票交易进行中,土交所应采用全程视频拍摄的方式记录交易过程,并将拍摄资料进行保存,以便公众查阅。在地票交易结束后,土交所应及时将交易结果对社会进行公示,保障农户个人、农村集体经济组织的知情权。第三,落实土交所在分配环节的监督职能。地票交易所得未按规定分配或者分配迟缓是实践中挫伤农民复垦积极性、妨碍地票交易可持续运行的两大因素。同时,既有的分配也没有严格按照重庆市的规定,以在重庆土交所交易所得为标准扣除法定成本费用之后计算相应的市场价格,而是实行"一刀切"的分配政策。因此,土交所运行机制的完善应当加大对补偿款的监管力度,确保补偿款数额严格以地票交易所得为基数计算,并通过完善交易规则,确定合理的分配期限,保障补偿款及时、全额拨付到农民的个人账户。第四,完善土交所在地票使用环节的监督职能。建议规定地票使用的 5 年有效期,为此,可以在土交所建立地票使用登记平台,凡是在土交所买卖地票必须进行登记,土交所应动态监控地票交易的真实情况。登记时,土交所应重点审核交易标的的剩余有效期,在登记簿上进行记录,并告知地票交易双方。同时,对于超过 5 年无法落地的地票应规定回购期限,降低地票二级市场的风险。出现监督不力之时,应严格追究土交所内部相关主体的法律责任,保障地票使用环节监督目标的实现。

(三)健全土交所内部治理结构

除了完善重庆农村土地交易所全程参与的监督职能之外,“苦练内功”的另一项工作就是健全其内部治理结构。虽然重庆农村土地交易所是由重庆市政府出资设立,系非营利性的事业法人机构。但在市场决定性原则下,重庆农村土地交易所应实行现代企业管理模式。① 为打造全国地票交易的组织平台,建议重庆农村土地交易所设立董事会或者理事会,作为重庆农村土地交易所最高权力机构,负责重庆农村土地交易所运行决策,制定地票交易各环节的实施细则。其下设立经理层,负责重庆农村土地交易所具体经营管理,根据职能分工再进一步分设各司其职的业务部门。设立监事会,作为重庆农村土地交易所内部监督机构,负责重庆农村土地交易所运行过程中的内部纠错与责任追究。参照证券业的发展,重庆农村土地交易所还应建立自律规则。具体结构如图1:

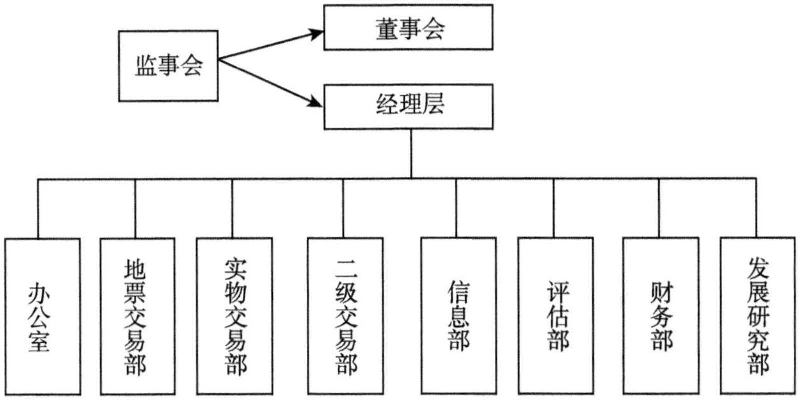

图1

① 张鹏、刘春鑫:“基于土地发展权与制度变迁视角的城乡土地地票交易探索——重庆模式分析”,载《经济体制改革》2010年第5期。

1. 设立办公室

主要负责制定全国地票交易中心内部规章制度;制定有关地票交易的相关管理制度;负责地票交易中心的文件档案管理;协调地票交易中心各职能部门的工作。在重庆设立的全国地票交易中心的办公室,还应负责协调跨省域进行的地票交易的相关日常办公室工作。

2. 把交易部细分为地票交易部、实物交易部

设置的原因在于:(1)重庆农村土地交易所即将开始实物交易,应当为实物交易配备专门的管理机构;(2)建立专门的地票交易机构,为将来打造全国地票交易中心积累实践经验。

3. 设立二级交易部

主要是为了解决目前地票难以落地的情况,以此降低地票需求者的市场风险,激发地票市场的活跃度,也为将来推出地票二级市场提供监管条件。

4. 设立信息部

承担信息库,尤其是网络信息库的建立、维护及信息发布的职能,确保交易主体对相关信息的知情权,接受社会监督。参照证交所经验,重庆农村土地交易所实际运营信息可聘请第三方会计、审计机构进行公开核算、发布。

5. 设立评估部

一是负责复垦效果的评估、地票级别的评定,为政府监管部门制定基准价提供决策依据;二是对地票交易风险、二级市场交易风险进行评估,为交易部门的运作提供支持。

6. 设立财务部

(1)对重庆农村土地交易所收取的佣金进行合理分配;(2)对交易后属于农村集体或个人的资金进行及时发放,对于实践中存在的未按规定分配及分配不及时的情况,财务部门应及时与交易部门沟通并向政府监管部门报告;(3)开辟融资渠道,引导金融资本为农村土地综合整治提供贷款授信,推进地票权利质押贷款及农村宅基地抵押,缩短地票交易款项的到

账周期,对于复垦后生活困难的农户可以实施先行支付模式,提前补偿农民复垦的成本,切实保障农民复垦后的生活所需。

7. 设立发展研究部

发展研究部是重庆农村土地交易所已设机构,未来建立的全国地票交易平台的地票交易中心所继续保留此部门。发展研究部的主要职能是通过专业化的研究队伍进行有针对性的研究,为地票制度和土交所的运行提供咨询意见,解决地票交易制度在实践中出现的难题,进一步促进地票交易制度的发展。

(四)提升土交所外部监管机构的监管权威

根据现行规定,重庆农村土地交易所的监管机构为设立在国土资源和房屋管理局之下的重庆农村土地交易所监督管理委员会,同时重庆农村土地交易所还应接受来自国土资源、农业、林业部门的业务指导。鉴于目前交易所主要开展的是地票指标交易,因此与政府统筹办、金融办的关系也十分密切。这种多方监管模式造成监管主体职责边界模糊,监管效率低下,更为重要的是监管权力过度集中于地方行政职能部门,不适应于在全国范围内调度地票资源的要求,也无法在全国范围内主导对地票交易基准价的定价权,更无法实施跨区域的行政执法或者进行异地监督。总之,现有的土交所监管机制不具备打造全国地票交易中心所需的监管权威。建议设立自上而下垂直领导的监管机构,对地票交易实施独立性、专业化的监管。在具体模式上,可以参照证券业监管机构的设置模式,建立全国地票交易监督管理委员会,作为国务院直属部级事业单位,并在各省设立接受其垂直领导的地方监管机构,作为其派出机构,对地方地票交易进行监管。全国地票交易监督管理委员会应设立专门的协调机构,以此协调各地方监管机构的监管工作,提高监管效率。

（五）细化土交所运作的保障措施和条件

建立全国地票交易中心，使重庆农村土地交易所成为全国地票交易信息汇总的场所，还有赖于强大的技术、资金和人才保障。一方面，应建立统一的地票交易技术保障规则。在建立我国地票交易的技术保障规则方面，可以借鉴我国深圳、上海证券交易所的运行机制，完善网上竞价系统和统一结算规则，形成地票交易集中竞价的完备制度体系。对此，有必要在制定《重庆市地票管理办法》的基础上，由土交所进一步完善相关交易细则。比如，细化地票交易中可能存在的障碍情形，将引发交易异常情形的原因划分为不可抗力和技术故障等几个方面，为确定障碍排除措施和相关责任主体奠定基础。进而，将每种技术故障引发的地票交易异常情形进行分类，并根据每种类型的异常规定不同的保障措施，如技术性停止某笔地票交易、临时停市等，并将采取保障措施的原因、类型、时间等事项通过有效途径对社会进行公开，保障社会公众，尤其是地票持有人的知情权。政府国土资源行政主管部门加强地票交易信息披露的监管。另一方面，应夯实交易所资金和人才保障基础。在重庆农村土地交易所运作的资金保障条件方面，鉴于我国深圳和上海证券交易所已建设20余年，目前运行状态良好，建议在借鉴两大证交所运作经验的基础上，由中央财政和重庆市地方财政共同拨付资金，建立适应于全国地票交易中心运转的技术信息系统、网络竞价系统，尤其是交易终端的设计研发，并对系统运行的安全性、效率性进行深入研究。在为地票交易中心的正常运转提供物质保障方面，应将地票交易相关的部分税收收入通过转移支付方式提供给土交所。同时，建议重庆农村土地交易所出资设立专门的重庆农村土地交易所研究院，招聘国内外相关领域技术型人才，作为研究院的研究员进行技术研发。重庆农村土地交易所研究院还可以定期开展地票交易中心技术保障方面的课题研究活动，对在相关课题研究和技术推广工作中成绩较为突出的单位和个人给予物质奖励。

附录　地票运作的实践案例

附录一　重庆市梁平县龙门镇乐胜村调研

一、调研活动概况

1. 调研主题:重庆市农民集中居住区建设经验

2. 调研时间:2011 年 4 月 17 日 ~2011 年 4 月 19 日

3. 调研人员:李瑞雪等 9 人

4. 调研形式:实地考察、访谈农户和村委会干部

二、调研基本发现

(一)龙门镇乐胜村农民集中居住区建设基本情况

在访谈村委会主任时了解到,现在的乐胜村社区是在 2007 年开始建设的。2007 年,村委会向

政府提交了建设社区的申请,政府在进行认真研究后,批准建设该社区并且提供建设图纸。2008 年社区正式开始动工,经过两年的建设基本完工。在建设的过程中,政府提供了资金帮助,社区的公共设施都是在政府的帮助下建成的。

集中居住区占地面积为 55 亩 6 分,全部是村民们通过复垦土地置换而来的。村委会主任表示,通过土地置换,一方面耕地可以集中成片,另一方面也使居民能够集中居住,村民对土地置换很支持。调研时,第一期工程已经结束。为了满足村民需求,此村在当年将开始第二期工程建设。政府在集中居住区建设中发挥了重要的作用。调研中了解到,在置换的前期,政府会拨资金帮助村民复耕,在农村宅基地及其附属设施用地复垦后,按照复垦地和村民在社区的房屋占用地的差额面积乘以相应的标准进行补偿。农户得到的补偿款为 1 万元/亩 ~2.5 万元/亩。也正是因为这样,村民进行土地置换的热情很高。同时,为了解决集中居住区村民收入保障问题,政府积极推动组建竹产业专业合作社。

(二)龙门镇乐胜村农民集中居住区建设模式

1. 农民集中居住区建设用地取得模式。通过土地置换、适当补偿的方式获得集中建设用地,确保耕地占补平衡并有所节余。节余指标可以成为地票交易的基础。

2. 农民集中居住区户籍取得模式。农民集中居住区所在村村民大会形成一致意见后,只要签订入住协议,并且缴纳集中居住区基础设施和地差等级补偿及复垦费用的农户,即可取得落户本村组的资格,从而依法向有关部门申请规划范围内的宅基地。

3. 农民集中居住区基础设施和公共服务设施的投入模式。入住居民缴纳基础设施建设费,实现共建共享。同时,争取国家和上级相关部门的项目投入。

4. 农民集中居住区的产业发展模式。组建竹产业专业合作社,鼓励入住农民集中居住区的农户参加竹产业专业合作社，入住集中居住区农80%参与竹产业的生产、加工和销售。同时，争取项目扶持集中居住区农户规模养殖水产、水禽，为集中居住区发展提供持久动力。

三、调研结论

一方面，集中居住区建设应保证复垦土地的质量。虽然从目前的情况看，复垦土地的农作物生长情况还不错，但这毕竟是短期现象。由于拆迁垃圾实行的是深埋处理，现在的表层土是以前深地土，所以土质短时间还好，但经过数年，土地质量无法得到保障。为了保证耕地质量的长期稳定，建议采取增肥措施，确保复垦土地的生产力。同时，在对拆迁垃圾进行处理的时候，要注意深埋度。为了防止复垦土地土地质量低于普通耕地，一定要把好复垦土地质量这一关，保证村民的耕种不受影响。另一方面，集中居住区建设应重点关注社区产业扶持问题。置换土地后，村民为了尽快修建房屋，加上耕地距离置换得到的土地较远，他们往往不愿意继续耕种。所以大部分人选择外出打工，如此造成了社区留守儿童、空巢老人增多。留守儿童和空巢老人所带来的社会问题不容忽视。要解决这种大批村民外出打工的现象，当地应当尽快发展特色产业，以保证当地村民的生活水平，促使村民留在社区发展，减少留守儿童和空巢老人数量。

附录二　重庆农村土地交易所调研

一、调研活动概况

1. 调研主题：重庆农村土地交易所运行情况

2. 调研时间：2012 年 10 月 24 日

3. 调研人员：陈治、李瑞雪等 4 人

4. 调研形式:访谈重庆农村土地交易所相关负责人

二、调研基本发现

(一)重庆农村土地交易所成立的背景

重庆于2007年被划为统筹城乡改革试验区,统筹城乡发展亟须寻找突破口。根据重庆的山区地点:城镇农民工多,农村有大量闲置破旧的农房,农民财产无法盘活;[①]耕地撂荒、抛荒现象较为普遍。2008年国务院统筹城乡调研组对“地票”进行调研,根据相关调研报告及重庆市的特殊情况决定在重庆市挂牌成立“农村土地交易所”。

(二)重庆农村土地交易所的定位——撬动中国的土地制度改革

各方领导对土交所近年来取得的成果给予了极大的肯定,也表示将继续支持土交所的交易行为。截至调研日,重庆农村土地交易所成立4年来,共进行交易25场,交易的土地面积为8.86万亩,交易金额达175亿元——反馈给农民120多亿元,集体20多亿元,成本20多亿元(管理费每亩3.7万元,融资成本每亩1.1万元)。通过“地票”这种“先垦再占”的方式在以下方面做出了贡献:首先,保护了耕地、保障了国家粮食安全。“先垦再占”的方式改变了以前的行政强制征收手段,使耕地能够实现“占补平衡”。其次,推动农民财产的保障性功能向财产性功能的转换,盘活了农村资产。“地票”的实行盘活了农村资产,是探索“农村土地”市场价值的“先行兵”。“地票”的利益分配是交易价后农民占85%,集体占15%,这是对收益分配制度的创新,有利于实现分配的实质公平。最后,正是由于资产得以盘活,使得农民更加重视“确权发证”,该制度也因此得以逐步完善。

---

① 在实行地票之前,各银行不接受宅基地房屋的抵押贷款。将宅基地的相应指标通过“地票”方式可以将农民财产盘活,将农民财产交易纳入市场化轨道,促进资源的合理利用。

(三)重庆农村土地交易所的发展方向

在调研中,土交所负责同志对地票制度能否以及如何走向全国进行了展望。他们认为地票制度的设计初衷即包含了作为一种功能纯粹的建设用地指标在全国范围内统筹使用的理念,因此,地票制度可以在实践中逐步向全国推进,具体可以通过“四步走”战略实现:第一步,省省合作;第二步,西南片区合作;第三步,与东南沿海对接;第四步,建设全国统一市场。但是就目前而言,建立全国地票交易中心,仍存在法律风险。

(四)重庆农村土地交易所参与地票市场运行情况

1. 重庆农村土地交易所目前地票交易情况。2011 年交易量比较大,2012 年上半年暂时没有进行交易。主要原因是地票生产、验收具有周期性的特点。一般而言,上半年主要是地票的前期形成阶段,即地票生产阶段,主要包括地票指标入库和地票复垦环节,为地票复垦验收合格后进行交易做好前期工作。

2. 重庆农村土地交易所的交易对象。目前主要是集中于“地票”交易,且设立了专门的交易部门——交易二部。重庆农村土地交易所在成立初期,集中进行“地票”交易的目的在于为把重庆农村土地交易所打造成全国地票交易中心奠定基础。重庆农村土地交易所在这两年内会加强本所的实物交易,并计划成立“涉农资产交易中心”。

3. 重庆农村土地交易所监管问题。重庆农村土地交易所交易既有“地票”这样的指标交易,也有实物交易。交易对象所涉及的部门有农业部门、建设办、国土、金融办和统筹办、林业部门等,交易监管主体以交易对象所涉及的相关部门为根据确定。重庆农村土地交易所的主要交易对象是“地票”,因此其主要监管部门是国土资源和房屋管理局。由于目前是以交易的对象要划分监管,没有一个统一的监管部门,这也给地票交易监管留下了许多棘手的问题。

4. 重庆农村土地交易所在“地票”形成环节中的参与情况。理论上讲,重庆农村土地交易所不参与地票形成过程,但实际上与地票形成过程亦存在密切的联系,主要分为两个方面:一方面,复垦环节与重庆市土地整治中心密切联系,跟踪关注其计划以及进度;另一方面,检验复垦的真实性,以及农民利益是否落实到位。

5. 地票指标"量"的控制。为了实现生产与交易量的平衡。重庆农村土地交易所事前进行市场需求摸底,再与整治中心协商生产量,突出体现生产与交易的互动。

三、调研结论

目前,重庆市地票市场运行大方向比较明确,地票市场运行的各个环节在现行制度性规范规制下,整体上运行较为良好。但仍然需要在以下几方面进行完善:首先,应积极推动地票交易的多元化,促进农民个人交易。目前,实践中的地票交易主要是由区县政府相关机构作为代理机构代理申让指标的。虽然根据现行规定,农村集体经济组织或自然人可以自行申请地票交易,但在事实上,并没有为农民个人申请地票交易创造可行条件。因此,应积极推动建设多元化的地票交易机制,在制度和事实层面,为农民个人申请地票交易提供便利条件。其次,完善地票交易价款直拨机制,切实保障农民合法权益。目前,地票交易价款采用的是行政拨付的形式。地票推行初期,农民从复垦到实际获得地票交易价款的周期为一年半。在调研之时,此周期已经缩短到了一年左右。未来应进一步缩短农民的利益周期,完善地票交易价款直拨机制。建议由改行政拨付为托管银行直接拨付,让土地权利人及时享受到地票制度带来的红利。最后,将重庆农村土地交易所打造成全国地票交易中心应重点关注地票异地交易的可行性问题,应重点研究是否突破现行土地管理制度、异地占补是否允许、国家粮食安全保障、网上竞价系统建设、统一结算规则确立、各省市在监管制度上的协调等问题。

附录三　重庆市江津区李市镇牌坊村调研

一、调研活动概况

1. 调研主题:重庆市地票市场运行情况

2. 调研时间:2012 年 10 月 30 日

3. 调研人员:陈治、李瑞雪等 6 人

4. 调研形式:实地考察、访谈农户和村委会干部

二、调研基本发现

(一)牌坊村土地复垦情况

1. 牌坊村土地复垦概况。从 2008 年推行地票制度截至调查时止,该村已经批准复垦并转户的农户有 23 户,2012 年正在申请复垦的农户有 20 余户。其中 2008 年、2009 年进行复垦登记的农户,在 2011 年才批准实施,且 2008 年登记复垦农户,复垦验收合格后,截至调查时只拿到规定收益(每亩 9.6 万元)的 40% 。

2. 牌坊村执行的复垦条件。2012 年江津区复垦指标为 5200 亩,截至调研时江津区上报指标已超额。该村复垦的条件包括:要复垦必须先转户;户口本上人口少的可以申请复垦;房屋边邻接农田、坝子的可以复垦为耕地;砖房不可参与复垦。进行复垦的对象包括院林、院坝、宅基地(其中宅基地上的房屋必须是土瓦房)。

3. 牌坊村地票产生的程序。在该村地票产生阶段,其程序是村民申请(一般达到 3 ~ 5 户以上规模政府才会派人测绘)——所在小组进行登记复垦(想复垦的村民需交 2000 元保证金)——村房管员联系镇政府——镇政府测绘——合格后招标复垦公司——资金由政府先行垫付、土地整理

公司进行复垦——合格则进行交易、不合格则继续整理直至合格为止。其中政府为参与复垦的农户修建了沉沙井、排水道、生产便道和抗旱池等基础设施。

4. 转户村民办理社会保险情况。转户后(户籍办理很迅速,但是要求本人来办理)在城镇生活的村民,大多自费办理了社会保险。参保人每月可领取700元社保费(目前,村内的信息监测员的工作收入是每月300元)。

(二)牌坊村地票市场运行中存在的问题

1. 农民缺少对地票制度的了解。在采访村民阶段,在李市镇派出所采访了在此办理转户籍手续的村民。访谈中发现,农民对于地票生产、交易流程不清楚,只是感性认为转了户籍、复垦了宅基地就可以获得补偿,而对于地票本身知之甚少,相关政策也不了解,仅仅关注实际所得。

2. 土地复垦实施中存在的问题。主要是指土地整治公司的角色定位不清晰。虽然聘请土地整治公司采用招标的方式,但土地整治公司为国土局投资兴办,并且,作为复垦实施者也要参与复垦后的质量验收工作,因此会出现行政机构既是“运动员”又是“裁判员”的现象。

3. 配套制度不健全。通过采访当地村干部发现,此村并没有推行较为完善的土地、房屋登记制度。因此,可能会存在农民在申请复垦之前,围田造房、甚至在田上造房的现象,以此获取地票收益。

4. 农民在地票制度中的市场主体地位并不突出。采访中,农民认为最急需解决的是补偿款的到位问题,牌坊村从2008年开始申请复垦,到第一批收益(每亩9.6万元的40%)获得经历了4年的时间,地票交易所得既然采取了直拨的方式,为何农民过了4年却迟迟拿不到钱。是制度本身设置不合理还是实践中没有得到遵守?监督机制是缺失,还是不起作用?这些都是值得思考的问题。而且,补偿款的数额也没有按照重庆市的规定,以在地票交易中心交易所得为标准,获得相应的市场价格,牌坊村实行的是“一刀切”的政策。补偿款的不及时全额到账问题，直接损害了地票交易中农民的根本利益，没有尊重农民在地票制度中的市场主体地位。同时，政府考虑到成本等问题，对于数量较少的复垦申请不提供及时测绘，不能及时满足农民的复垦意愿，农民在申请土地复垦时缺少话语权。

5. 社会保障制度有待完善。对于转户后的农民，已经不再是本集体经济组织的成员，其原承包土地必须依法收回本集体经济组织重新发包。对于城镇生活的农民，由于目前社保费用过高，很多农民无力承担，最终会造成生活无保障的情况。而且，农民的医疗、就业、养老、子女的教育等问题是一个潜在的、长期性的问题，这关系到中国庞大的农民群体的生存问题。在相关配套措施还处于建设当中，地票制度推广步伐是否控制得当也是值得深思的。

三、调研结论

为期一天的调研中，采访了重庆市江津区李市镇某村村干部及本村村民，实地考察了复垦土地的使用情况，切身体会到村民的真实想法，较为全面地了解到地票制度在此村运行情况。整体而言，地票制度在牌坊村推行有序，运行良好。但仍然存在以上提出的若干问题，阻碍地票制度的进一步推广。为了解决上述问题，课题组认为，应重点完善以下几个方面的内容。首先，应当依法完善地票产生阶段的复垦申请和验收环节的相关制度。一方面，应积极推进农村土地、房屋登记制度的完善。为了防止农民通过围田造房或者田上造房而获得不正当地票收益，应在相关制度中规定，自 2008 年地票制度推行后新建的房屋等建筑物一律不可纳入复垦范围。另一方面，应大力发展民间土地整治机构，逐步开放土地整治市场。正确处理政府与市场之间的关系，政府应逐步退出土地整治实施环节，依法履行其复垦验收和政策性复垦融资等方面的职责，服务地票市场。其次，加大对补偿款的监管力度，确保补偿款及时、全额拨付给农民个人账户。应依法加大对补偿款的监管,补偿款的数额要严格依照重庆市的现行规定,以地票交易所得为基数,扣除法定的费用后,通过立法规定合理的期限,及时、全额拨付到农民在地票交易中心开立的个人账户。同时,为了保障农民合法权益,应赋予农民针对地票收益分配问题进行诉讼的权利,通过司法保障农民在地票制度中的主体地位,以此减小地票制度推行的阻力。最后,依法保障转户农民生存权和发展权。对于转户的农民,建议国家降低其购买社会保险的数额。同时,根据现行规定,在地票制度中获益的村集体经济组织也应给予转户农民适当的城镇生活补贴,保障其生存权。国家在过渡时期也应大力发展适合转户农民创收的生产项目,帮助其提高生活质量,保障其发展权,可以稳定地扎根在城镇生活。

附录四　谢某地票证书诈骗案

一、案情简介

2010 年 11 月 22 日,被告人谢某担任重庆 A 公司法定代表人,并代表 A 公司与重庆 B 公司签订了委托代理合同。合同约定 A 公司有偿代为办理 B 公司在重庆市某地加油(加气)站建设项目的建设资格、土地使用审批许可及建设、验收、开业经营的审批许可等适宜。之后,根据建设需要,B 公司于 2011 年 5 月 27 日与重庆市 C 公司签订地票使用合作协议,委托 C 公司向 D 公司取得第 0074 号《地票证书》,B 公司因此有偿获得该地票证书上 100 亩经营性用地指标的使用权。被告人谢某代为 B 公司办理上述建设项目委托事宜的过程中,B 公司因建设需要 40 亩经营性用地指标,尚余 60 亩经营性用地指标需转让其他企业使用,遂委托被告人谢某收集需要获得该地票的企业信息。在此过程中,被告人谢某盗用 A 公司名义伪造 B 公司《关于第 0074 号〈地票证书〉剩余用地指标处置授权书》,向他人虚构A公司有权转让第0074号地票剩余用地指标的事实从而骗取他人钱财用于偿还其所借高利贷。

2013年12月17日,因涉嫌犯合同诈骗罪被区公安局抓获,同日被刑事拘留,2014年1月21日被监视居住。2014年9月25日,区人民检察院指控被告人谢某犯合同诈骗罪向区人民法院提起公诉。法院受理后,依法组成合议庭,公开开庭审理了此案。2015年1月4日,一审法院作出判决:被告人谢某犯合同诈骗罪,判处有期徒刑12年,并处罚金50万元;责令被告人退赔被害人和被害单位经济损失共计544.5万元。

二、案情简析

本案集中反映了目前重庆市地票运行过程中存在的法律风险。本案涉及地票是否可以私自转让、私自转让地票需要经过何种程序等问题,现状有关规范地票运行的制度并没有规定以上内容。因此,现实中,转让地票行为具有一定的法律风险。本案中存在多种法律关系,谢某作为A公司的法定代表人,代表A公司与B公司签订了委托代理合同,利用伪造的《关于第0074号〈地票证书〉剩余用地指标处置授权书》,与多名被害人、被害单位签订了地票使用合作协议。在每份合作协议的内容中,牵涉谢某、A公司、B公司和被害人(或被害单位)等多个主体。在缺少完善的地票转让行为规范的前提下,法律风险的存在最终演变为多个被害人、被害单位的实际经济损失。市场决定原则下构建地票交易法律制度,并非对地票交易行为放任不管,而是通过法律制度的构建,促进地票交易市场有序运转。地票转让行为涉及多种法律关系和多元市场主体,而且从本案涉案金额即可得知,现实中地票转让市场资金规模较大,具有较大的社会影响力。因此,必须对地票转让行为进行有效监管,在尊重市场机制的前提下,防范和解决地票市场和政府双重失灵问题,避免本案中类似问题的再次发生。

本案中,被害人和被害单位之所以与谢某签订地票使用合作协议,并支付价款,是因为被害人和被害单位没有辨别出《关于第0074号〈地票证书〉剩余用地指标处置授权书》的真伪。从提升交易安全度的考量,建议依法规定,地票监管部门(如国土资源部门)有权对签订地票使用合作协议行为进行监管。依法规定,签订地票使用合作协议必须到监管机构进行登记备案。在登记备案中,监管部门有职权也有职责对地票使用合作协议相关材料进行审查。涉及授权代理行为的,相关监管部门负责帮助购买人辨别处置授权书的真伪。同时,应增大制度供给,依法赋予并规范重庆农村土地交易所转让地票职能,为当事人提供便利、畅通的地票转让平台,减少委托代理成本的同时,减少委托代理的风险。

致　谢

本书是在重庆市重大决策咨询课题的最终研究成果基础上修改而成的。能够顺利出版，首先感谢西南政法大学刘俊校长及其领导的以张志辽老师、杨慧老师、黄忠老师、洪海林老师、白庆兰老师为核心成员的地票研究团队的支持与帮助，本书不少观点都是在与各位师长的学习交流中逐步形成并完善的。其次感谢重庆社科院彭国川处长、康庄处长对本书作为课题结项报告时提出的修改建议，使论证更为严密。再次感谢重庆农村土地交易所的王晓芹副总裁与杨皋玲部长为调研提供的大量实证数据与分析报告，使本研究能够立足现实并有针对性地提出解决对策。最后感谢法律出版社财经出版分社沈小英社长与陈妮、刘晓萌两位编辑，她们的辛苦工作使本书得以顺利面世。本书是在城乡一体化背景下探讨地票法律制度的完善，囿于国内目前对此问题的研究尚处于起步阶段，同时更为重要的是，地票制度作为农村土地制度发展过程中的一项创举亦在实践中不断完善,因而,本书的研究结论有待进一步验证并根据现实发展变化予以修正,敬请学界同人批评指正。

陈治

2015 年 5 月

图书在版编目(CIP)数据

城乡一体化发展背景下的地票法律制度完善研究/
陈治,李瑞雪著.—北京:法律出版社,2015.7
(西南政法大学经济法学文库)
ISBN 978-7-5118-8031-4

Ⅰ.①城… Ⅱ.①陈…②李… Ⅲ.①农村—土地所有权—土地法—研究—中国 Ⅳ.①D922.304

中国版本图书馆 CIP 数据核字(2015)第121042号

责任编辑/陈　妮　　**装帧设计**/李　瞻

出版/法律出版社　　**编辑统筹**/财经分社
总发行/中国法律图书有限公司　　**经销**/新华书店
责任校对/杨昆玲　　**责任印制**/吕亚莉
印刷/北京京华虎彩印刷有限公司

开本/720毫米×960毫米　1/16　　**印张**/10.75　**字数**/152千
版本/2015年9月第1版　　**印次**/2015年9月第1次印刷

法律出版社/北京市丰台区莲花池西里7号(100073)
电子邮件/info@lawpress.com.cn　　**销售热线**/010-63939792/9779
网址/www.lawpress.com.cn　　**咨询电话**/010-63939796

中国法律图书有限公司/北京市丰台区莲花池西里7号(100073)
全国各地中法图分、子公司电话:
第一法律书店/010-63939781/9782　**西安分公司**/029-85388843　**重庆公司**/023-65382816/2908
上海公司/021-62071010/1636　**北京分公司**/010-62534456　**深圳公司**/0755-83072995

书号:ISBN 978-7-5118-8031-4　　**定价**:36.00元